中青年经济与管理学者文库

本著作为河南省哲学社会科学规划项目"金融素养对家庭投资行为及区域金融稳定的影响研究"（2016BJJ020）的研究成果。

家庭金融行为与金融消费者权益保护

贾宪军　著

中国财经出版传媒集团

中国财政经济出版社

图书在版编目（CIP）数据

家庭金融行为与金融消费者权益保护／贾宪军著.
-- 北京：中国财政经济出版社，2019.9
（中青年经济与管理学者文库）
ISBN 978-7-5095-9225-0

Ⅰ.①家… Ⅱ.①贾… Ⅲ.①金融行为－研究②消费者权益保护－研究 Ⅳ.①F830.2②D912.294.04

中国版本图书馆 CIP 数据核字（2019）第 193010 号

责任编辑：孙　琛　　　　　　责任校对：李　丽
封面设计：智点创意

中国财政经济出版社 出版

URL：http://www.cfeph.cn
E-mail：cfeph@cfemg.cn

（版权所有　翻印必究）

社址：北京市海淀区阜成路甲 28 号　邮政编码：100142
营销中心电话：010-88191537
北京财经印刷厂印装　各地新华书店经销
880×1230 毫米　32 开　8.25 印张　200 000 字
2019 年 9 月第 1 版　2019 年 9 月北京第 1 次印刷
定价：40.00 元
ISBN 978-7-5095-9225-0
（图书出现印装问题，本社负责调换）
本社质量投诉电话：010-88190744
打击盗版举报热线：010-88191661　QQ：2242791300

策划人语

题记：一个人的精神成长史，取决于他的阅读史。只有阅读能最有效地培养精神生活习惯，而好的习惯又培养性格，性格决定人生。

——我们自豪，因为我们就是创造这精神产品的人。

选择了飞翔，总能看到蓝天；选择了远航，总能感受大海。人生不仅要作出选择，也要坚持住自己的选择。学会计、当编辑是我的意外选择。人说编辑是为人做嫁衣，可是这一选择我坚持了27年，苦在其中，乐在其中，也算是有声有色。每当我把一本本好书呈献给人们的时候，我觉得我是"富贵"的人：富，不是你身上的钱财，而是你心里的满足；贵，不是你地位的显赫，而是你被人需要的程度。

书海探寻，情怀永恒

我要说，做编辑我幸运，因为我不仅是第一个读者，可以对作品"品头论足"，也可以对作品"生杀予夺"；更重要的是，这是一个很高层次的平台，在多年与名家的交往和名著的"对话"中，深深地为他们的人格和才学所感动，被作品的精彩所吸引，这不仅使我"下笔如有神"，更使我的思想和灵魂也受到一次次洗礼和震撼，得到一次次升华。对于我的作者我的书，如数家珍，作者中不乏才学和为人同样过人的多位泰斗和"颜值高责任大"的众多才子佳人；策划的作品不仅立足专业还兼顾人文，也是情怀所在，专业加人文路才会更宽。

多年的体会是，作为一名编辑，起码要"三心二意"，即"责任心、细心、耐心"和"服务意识、创新意识"。要多策划一些有分量的拳头产品，用一个选题推动一个系统工程，用一个系统工程培养一个出版社品牌。给新入职编辑讲座时我做过一个比喻：编辑两项基本功，审稿——甚至要比博导审批学生论文还要全面、细致；选题策划——要像电影导演一样做"星探"，善于发现优秀作者和挖掘好的原创作品。记不得27年来我策划和编辑了多少书，组织和策划了一大批教材、业务培训用书、通俗读物、理论专著等，有的获得过国家、省部级各类奖项，有的以其填补空白、社会热点、风格新颖、开拓尝试等特点受到读者的欢迎。20世纪90年代我开始自主策划选题，多年来每年都有新丛书问世。比如，21世纪初内部控制研究在国内刚兴起时，策划了《现代内部控制丛书》，其中《企业内部控制管理操作手册》是我鼓励作者将自己饱含心血的经过长期钻研和实践并证明卓有成效的成果奉献付梓，使得更多的人能受益于此，这无疑是对我国内部控制理论探索和实践发展的一种贡献，内部控制选题至今还是热点。2013年的《来去无尘——一位财政部长的生前事》所展现的吴波精神，与深入推进党风廉政建设相得益彰，得到中央领导同志的高度重视和重要批示。中央各大主流媒体纷纷连续报道，掀起了全社会学习吴波高尚情操的热潮。2014年至今的前沿选题《财务云丛书》等也越来越受到业界认可。

想是问题，做是答案

众所周知，目前的图书出版业在行业竞争和纸质图书受到严重冲击的情况下，出版人无不感到莫大的危机。在这种背景下，策划一套专业图书是颇感困惑的一件事，风险更大。但即使这样我们也不能因噎废食、停滞不前，还要积极应对，继续发挥纸质图书的固有特质，挖掘出版内容和形式都精彩的原创作品，适应新形势下读者的更高需求。2017年，我们接受新的挑战，开启新的征程，又策划《中青年经济与管理学者文库》《当代税收名家丛书》《中国税务律师系列丛书》《现代管理实务丛书》《高等院校应用型会计人才精细化培养系列教材》等，继续为扶持学术研究和总结最新成果，在高端研究与专业知识普及和应用之间搭建一座座有益的桥梁。

每一个时代的经济环境不同，理论研究和实务探索所需要解决的问题也有所差别。当前我国不仅处于经济结构调整和供给侧改革的攻坚期，同时也处于大数据和互联网突飞猛进的变革期，矛盾叠加，风险交汇，市场环境和组织模式不断演变发展、推陈出新，经济、管理、财税等领域的新理论、新思想、新方法、新工具也层出不穷。乱花渐欲迷人眼，击水三千浪几何？这些领域的研究人员被时代赋予了更艰巨的责任，也面临着更高、更多元的要求，我们不仅要具备更广阔的学术视野，而且要有更严谨的学术思维。

输在犹豫，赢在行动

《中青年经济与管理学者文库》的作者，都是我国经济与管理领域的中坚力量,也是未来的大家。他们中有些人潜心从事理论研究,有些人则深耕在实务一线,但无论现实身份如何,视野全都没有被拘泥在"象牙塔"内。他们从不同视角对市场经济的不同要素进行细致审视,然后汇聚于"财经版"这面旗帜之下,相互碰撞,彼此激荡,力求在市场经济转型升级的关键时期留下最新鲜的"中国印记"。

这些经济与管理领域的中青年学者,就是我国市场经济发展的潜力与优势,他们的研究成果,不仅将引领市场经济的各个组成环节向更科学、更先进的方向发展,而且将成为我国政府和企业在未来经济世界扮演更重要角色的支点与动力。祝愿这些中青年学者能攀上更高的学术之山,走向更远的研究之路,也期待宏观、中观、微观各个层面的市场参与者都能从这套文库中得到切实的启发与指引,在全面深化改革、增强发展活力的关键时期,发挥正能量和积极作用,为经济社会发展增添新的动力!

如果您认可,如果您有意愿,欢迎您和您的朋友加盟我们的作者队伍!在中国财经出版传媒集团的"旗舰"下,中国财政经济出版社这"老字号",一定励精图治,谱写新的篇章。我们用"龙的精神,玉的品质"来助力您实现梦想!

策划人:樊清玉
邮箱:qingyuf@sina.com
2017 年春

  改革开放以来,我国居民财富规模迅猛增长。根据国家金融与发展实验室课题组的测算,中国居民财富与GDP之比,21世纪初时尚不足3倍,到2016年已上升至4.3倍,居民人均财富达到34688美元。从财富构成看,住房是我国居民资产中最重要的部分,占家庭资产的比重接近50%;在金融资产中,2016年,存款占家庭金融资产的比重为36%,理财产品占比为13%,股票及股权等维持在20%左右。与欧美发达国家相比,金融资产,特别是债券、股票、证券投资基金等金融产品占比较低,这固然有其历史及现实背景,但从居民长期财富增长及我国融资结构优化的角度看,未来居民财富配置中风险类金融资产的比重还有较大上升空间,尤其是在2018年4月《关于规范金融机构资产管理业务的指导意

见》颁布之后，资产管理产品的刚性兑付将会有序打破，家庭金融资产的风险日益暴露，投资者风险自担成为市场铁律，居民的投资选择行为对财富的安全与增值显得更加重要。

另一方面，伴随着近年来我国房价的持续攀升，以及金融科技、普惠金融的快速发展，居民部门的住房贷款及消费贷款高速增长，居民家庭的债务水平持续上升。根据中国人民银行《中国金融稳定报告（2018）》的数据，2017年末，我国住户部门债务余额40.5万亿元，同比增长21.4%，较2008年增长7.1倍。除传统银行贷款外，互联网金融依托互联网技术的便利性和低成本，提供小额、短期、低门槛的贷款服务，业务呈现井喷态势。据不完全统计，2013—2017年，个人从P2P平台、网络小贷公司以及持牌消费金融公司等网贷行业贷款余额（包括企业贷款和个人贷款）的年均复合增长率达到159%。虽然互联网金融在弥补传统金融服务不足、便利居民借贷等方面发挥了积极作用。然而，部分居民不考虑还款能力，利用互联网金融征信缺失过度借贷，造成逾期无法偿还，甚至引发暴力催收等恶性事件。此外，还有部分家庭通过典当行、民间借贷等非正规融资渠道借款。部分居民借款的随意性以及随之而来的过度负债，为家庭财务安全及宏观金融稳定埋下了重大隐患。

在此背景下，金融消费者保护问题显得尤为重要。事实上，金融消费者保护并非是一个新问题，早在20世纪60年代，该问题便已进入人们的视野，但直到美国次贷危机爆发以后，加强金融消费者保护问题才真正受到政府及学术界的重视。理论上，金融消费者保护包括适当性管理、信息披露、金融教育、金融产品监管及纠纷解决机制等主要内容。其中，适当性管理旨在确保金融中介机构所提供的金融产品或服务与客户的财务状况、投资目标、风险承受水平、知识和经验相契合，而关于信息披露及其监管的最新研究表明,由于金融产品日趋复杂以及消费者的有限注意力偏差,信息披露如果不能突出关键信息并增强信息的可比性与易读性,则过多的信息反而更易误导消费者,可见,如何根据本国消费者及金融产品实际情况进行有效的信息披露监管,是消费者权益保护的一个关键环节。在居民金融素养与金融教育领域,由于我国居民金融素养普遍较低,尤其是风险认知及投资理念方面最为薄弱,因此,在探讨金融教育对家庭金融行为作用机理的基础上,实施具有针对性的金融教育措施,是矫正消费者非理性金融行为的重要举措。此外,作为交易之后的补充性保护措施,金融消费者纠纷解决机制在降低投资者维权成本、增强其对金融市场及机构信心方面具有不可替代的重要作用。

本书着眼于探讨我国金融消费者保护制度如何促进家庭金融行为优化问题,共分为八章。第一章为导论,指出为何要研究家庭金融行为与金融消费者保护问题;第二章评述了近年来该领域的研究成果;第三章分别分析了当前我国家庭资产及负债的分布状况,并将其与国外水平进行了比较;第四章探讨主要因素对家庭金融行为的影响机理;第五章结合金融消费者保护的内容及相关影响因素,对家庭金融行为进行实证研究;第六章基于国际比较的视角阐述我国金融消费者保护现状及其宏微观影响;第七章梳理国外金融消费者保护的主要经验;第八章是相关政策建议。

写作过程中,丛书策划编辑樊清玉给予了悉心指导,同事范聪颖及学生常静怡在资料搜集与整理方面做了许多工作,在此一并感谢。

作者

目 录

第一章 导论 …………………………………………（ 1 ）
　一、数字普惠金融时代家庭金融行为的新特征 ……（ 1 ）
　二、资管新规对家庭投资行为的影响 ………………（ 3 ）
　三、家庭投资行为对我国金融结构转型与金融稳定的
　　　影响 ……………………………………………（ 4 ）

第二章 文献述评 ………………………………………（ 8 ）
　一、家庭金融行为研究进展 …………………………（ 9 ）
　二、金融消费者保护研究进展 ………………………（ 35 ）

第三章 中国家庭资产配置与负债 ……………………（ 38 ）
　一、中国城市家庭资产配置分析 ……………………（ 38 ）
　二、中国家庭债务分析 ………………………………（ 51 ）

第四章 家庭金融行为的机理分析 ……………………（ 64 ）
　一、风险态度对家庭金融行为的影响 ………………（ 64 ）

二、信息获取对家庭金融行为的影响 …………………（67）
　　三、金融素养对家庭金融行为的影响 …………………（71）
　　四、信任对家庭金融行为的影响 ………………………（78）

第五章　金融消费者保护对家庭金融行为的影响 ………（81）
　　一、金融消费者保护的内容与框架 ……………………（81）
　　二、金融消费者保护对家庭金融行为影响的实证
　　　　分析 …………………………………………………（84）

第六章　中国金融消费者保护水平：国际比较与宏微观
　　　　影响 …………………………………………………（131）
　　一、金融消费者保护水平的国际比较 …………………（131）
　　二、金融消费者保护不足的宏微观影响 ………………（159）

第七章　国际金融消费者保护的经验借鉴 ………………（165）
　　一、金融消费者适当性保护 ……………………………（165）
　　二、金融产品信息披露 …………………………………（170）
　　三、金融教育 ……………………………………………（176）
　　四、金融纠纷解决 ………………………………………（178）
　　五、美国对智能投资顾问的监管经验 …………………（181）

第八章　提升我国金融消费者保护水平的政策建议 ……（197）
　　一、加强金融消费者适当性保护 ………………………（197）
　　二、完善金融产品信息披露监管 ………………………（199）
　　三、实施多元化金融教育 ………………………………（202）
　　四、优化金融纠纷解决机制 ……………………………（206）

参考文献 …………………………………………………………（209）

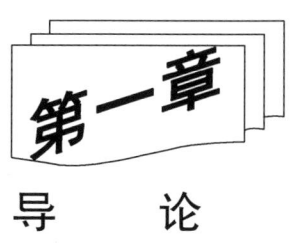

导 论

一、数字普惠金融时代家庭金融行为的新特征

一直以来,由于金融体系(及其产品和服务)的复杂性、各种信息不对称以及消费者的认知与行为偏差,金融消费者的权利与福利可能受到以下侵害:合同条款、费用和权利的透明程度、披露内容及方式("低月息、多收费"掩盖真实借贷成本)及沟通等问题;金融机构是否公平对待消费者、是否为未授权的交易及其雇员的行为承担责任("存款变保险""飞单")等;消费者交易及个人信息的隐私与安全保护(内外勾结买卖数据);求偿及争议解决机制不畅(缺少除法院之外的其他便捷、低成本、有效的途径);对于保护客户资产免于挪用、欺诈或夺取的措施失效("存款消失""理财资金转移"等)。这些在数字时代之前就是金融消费者保护的重点区域

及亟待解决的主要挑战（孟祥轶，2017）。

而在过去的10年里，全球经济和金融服务业越来越多地向数字经济与数字金融转化。现在，全球超过60%的人口可以享受到数字金融服务。同时，数字金融服务也为金融消费者保护带来了新的挑战。其主要是损害安全的各种风险，如数字欺诈与滥用、不当使用数字足迹和数字画像、网络犯罪和数据隐私等问题。技术的创新总是一把双刃剑，有利又有弊。比如，数字画像可以用来评估信用风险，也有助于设计个性化的产品；但是不当使用会造成歧视，乃至金融排斥。最近美国FTC就在关注一个现象，即网络公司采用大数据对不同邮编的消费者进行歧视性定价，这导致低收入的社区反而购买了高价的产品和服务。

除了数字技术带来的新挑战，人本身是有认知上的偏差的；行为经济学家已令人信服地验证了这些偏差，比如锚定效应、现期偏好、过度自信等。企业及金融机构可以（也一直在）利用这些偏差来设计其广告策略、产品与服务，吸引消费者来购买或者买得更多。而经济与社会的数字化使得不正当的数字市场行为加重对消费者的损害，比如会鼓励消费者的冒险行为（简单的一键式操作或二维码支付，在提供便捷的同时也增强了冲动型消费，投资理财决策也缺少应有的深思熟虑），加重了个人的不良倾向，比如短视、个人自控能力不足及从众倾向等。最近两年的"校园贷"和"现金贷"，虽然提供了便捷、容易获得的信贷，但是其中很多机构都利用了消费者的脆弱（或认知不足）之处，采用了不当的、对消费者不公平的营销技巧，比如以低月利掩盖高年息、砍头息，以多项费用掩盖真实借贷成本、高额复利罚息等。无独有偶，有些报告也发现，发达国家的工薪日贷款公司明显地以学生和年轻、无经验及脆弱的消费者为目标，通过引诱性、可疑的广告技巧为他们提供迅速、容易的网上信贷，并专门针对那些财务状况不好的人。故而,如何根据数字金融时代给金融消费者保护带来的挑战,重建金融消费者保护体系,推动金融普及教育,提高国人的金融知识与能力,以帮助其做出成熟、知情的金融决策,是具有重要意义的(孟祥轶,2017)。

二、资管新规对家庭投资行为的影响

从2017年11月17日中国人民银行、银监会、证监会、保监会、外汇局出台的《关于规范金融机构资产管理业务的指导意见(征求意见稿)》,到2018年4月27日《关于规范金融机构资产管理业务的指导意见》的正式落地,资管行业迎来规范化发展的重要转折。2018年7月20日,资管新规细则陆续公布,起先是银保监会对外发布《商业银行理财业务监督管理办法(征求意见稿)》;在征求意见稿发布的同时,中国人民银行发布了《关于进一步明确规范金融机构资产管理业务指导意见有关事项的通知》,随后证监会发布《证券期货经营机构私募资产管理业务管理办法(征求意见稿)》及《证券期货经营机构私募资产管理计划运作管理规定(征求意见稿)》。2018年9月28日,《商业银行理财业务监督管理办法》正式公布并实施。2018年10月22日,《证券期货经营机构私募资产管理计划运作管理规定》和《证券期货经营机构私募资产管理业务管理办法》正式公布并实施。2018年12月2日,《商业银行理财子公司管理办法》正式公布并实施。

伴随着各项政策的陆续发布,资管行业已步入统一监管的新时代。未来,在实践问题的处理和尚未落地的细则上,政策或许仍然需要逐步微调。但毋庸置疑的是,对于财富管理行业来说,资管新规是一个时代的重要转折点,财富管理市场中各类机构间的竞争格局已经在发生改变,未来将更加专注主业,回归本源

（柳阳、王志鹏，2018）。

资管新规以打破刚性兑付、消除嵌套为核心思想，以期让理财产品暴露真实风险，让投资者树立"高收益、高风险"的投资意识。在理财产品刚性兑付的背景下，众多投资者将理财利率视为无风险利率。以银行理财为例，资管新规落地之后，消费者购买银行理财将告别稳赚不赔的时代，并且对于部分私募产品而言，消费者参与的门槛有所提高，对消费者识别产品风险的能力也提出了更高要求，一部分消费者可能会回归表内，转而投资大额存单、结构存款等保本产品。同时也应该看到，资管新规的颁布给金融消费者教育提出了更高的要求。大部分消费者还不具备识别风险与理性优选管理人的能力。长期刚性兑付养成了消费者片面考量收益率而忽视真实风险的不健康消费习惯，当前净值型产品市场接受度较低也说明消费习惯的转变需要一个漫长的过程。另外，自资管新规颁布之后，银行理财市场较为平稳，并未出现大幅波动，这一方面是因为监管层延长过渡期等措施得当，但另一方面也说明仍旧有很多消费者并未意识到资管新规所带来的转变，尤其对理财产品打破刚兑仍未引起足够重视，继续抱有侥幸心理，认为银行的产品银行肯定负责到底，这一切都说明金融消费者教育工作任重道远（刘鹏，2018）。

三、家庭投资行为对我国金融结构转型与金融稳定的影响

（一）对金融结构转型的影响

习近平主席在2019年2月22日主持以"完善金融服务，防范金融风险"为主题的中央政治局第十三次集体学习时提出，要深化金融供给侧结构性改革，增强金融服务实体经济能力，要以金融体系结构调整优化为重点，优化融资结构和金融机构体系、市场体系、产品体系，为实体经济发展提供更高质量、更有

效率的金融服务。

我国的金融体系结构目前仍以银行信贷的直接融资为主,直接融资与间接融资比例严重失衡。从存量的社融规模来看,广义的间接融资(包括银行表内信贷、表外信贷以及贷款核销等)占比为82.9%,金融市场直接融资占比为17.1%。在金融市场融资中,企业债券和地方政府专项债占比为13.6%,股票市场融资仅有3.5%。从2018年新增社融来看,金融市场融资占比为24%,其中企业债券和地方政府专项债占比为22%,股票市场融资占比仅为2%。而反观美国同期融资结构,私募股权融资和资本市场公募股权融资占比将近70%,而银行贷款和债券融资仅有30%。中国社融数据中的股票融资只包括资本市场公募融资,如果考虑到2018年中国私募股权融资1.22万亿元,那么2018年股权融资占比也仅8%,远远低于美国股权融资占比。

过于依赖银行间接融资和债务融资,一方面会导致银行的经营风险上升,另一方面也会导致我国企业的杠杆率过高。随着我国经济结构的转型,企业的经营活动由低端制造逐渐升级到智能制造,人力资本密集的服务业迅速崛起,这意味着企业的研发投入占比不断提高,人力资本和知识产权技术成为企业的核心竞争力。这些新兴产业由于缺乏实物资产作为抵押物,难以取得银行贷款,从而对直接融资尤其是股权融资需求越来越大。我国的股票市场由于基础制度还不够完善,难以满足新兴产业的融资需求,除了基本的上市、退市制度存在缺陷外,政府对股票市场交易监管也存在不足,对违规处罚的力度较轻,这就导致部分企业披露信息不及时,甚至财务信息造假,中小股东的权益无法得到保障,不利于企业的持续融资(张明,2019)。

显然,要改变我国现有金融结构,实现由间接金融向直接金融的转变,依赖于广大家庭部门调整其财富配置方式,将更多资产配置于股票、债券等直接金融工具,因此,从这一角度看,家庭投资行为关系到金融结构转型这一重要主题。

(二) 对金融稳定的影响

当前我国居民的金融行为对金融稳定的影响主要来自两个方面。一是居民对影子银行体系刚性兑付的依赖以及由此产生的金融风险。在资管新规颁布之前,我国影子银行的主要形式是商业银行的表外信用扩张业务和产品,游离于监管体系之外。商业银行为理财产品提供隐性担保和刚性兑付,其背后存在严重的期限错配风险,影子银行的资产端多为期限较长、风险较高的非标和债券等资产,负债端多为期限较短的理财产品和同业存单,这就需要负债端持续滚动发行来弥补期限错配。一旦短期流动性紧张,很容易引发流动性风险,如2013年和2016年的"钱荒"都在一定程度上暴露了影子银行短期流动性的问题。此外,"资金池"的运作模式打破了理财产品与特定基础资产之间的一对一匹配关系,进一步加剧了期限错配,而且容易带来集中赎回的风险。就国有大型银行与中小型银行对比而言,后者在2013年以来的利率市场化改革中受冲击较大,因而也更有动力采用影子银行去扩大规模实现弯道超车,潜在的风险也更大。影子银行在监管体系之外,这是影子银行内生的潜在风险。一方面,影子银行的发展不受资本充足率、风险资本计提等指标的限制,具有广阔的套利空间,规模急剧膨胀;另一方面,影子银行产品的信息披露不健全,产品提供者与投资者、监管者之间存在极大的信息不对称,难以对其进行风险评估。同时,影子银行在危机时也缺乏监管保护,一旦危机发生,很容易产生多米诺骨牌效应。

二是房地产价格下行会增大居民部门违约的风险。房地产市场近年来的连续上涨,已经使得中国居民财富基本绑定到了房地产上。根据社科院2014年国家资产负债表的数据,居民部门总资产当中，房地产占比已高达54%；而经历了2016—2017年这一轮房价的快速上涨之后，房地产在居民部门资产中的占比无疑将进一步提高。最近两轮房价上涨周期，同时伴随着居民中长期贷款增速与占比的显著上升；可见，购房已经成为居民部门加杠杆的最大动力。从居民部门视角来看，居民部门杠杆上升过快会带来诸多风险。首先，虽然我国居民杠杆率低于美国和日本，但我国居民杠杆率已不算低，而且在过去十年上升太快。居民部门债务与GDP的比例从2008年的20%升至2018年的50%左右，居民部门债务与居民可支配收入的比例从2008年的40%升至2018年的100%左右，居民部门债务与居民存款的比例从2008年的30%升至2018年的70%左右；从2016年开始，中国居民部门的净储蓄连续两年三增长，负债上升速度惊人。再次，如上所述，居民部门加杠杆的结果是居民部门财富过度集中在房地产上，这使一些家庭经历了纸面财富的膨胀；但是，如果房价下跌，将对投资者情绪和预期带来很大的冲击，广大有产者对房地产调控造成阻碍，房地产调控面临两难。最后，中国中央政府缺乏处理居民部门债务的经验，一旦发生大面积的居民违约事件，政府在救与不救之间将面临两难：救助违约居民则相当于鼓励居民部门加杠杆；不救助则可能造成违约进一步蔓延而引发系统性风险（张明，2019）。

综上，在我国经济转型的宏观背景下，伴随着金融科技的发展以及资管市场的深刻变革，微观家庭的金融行为及其背后的金融消费者保护问题变得愈加重要，有必要在厘清我国居民金融行为机理的基础上，从金融消费者保护角度探讨如何优化相关行为，进而促进居民理性投资与负债，并对宏观金融稳定及结构转型产生积极影响。

第二章

文献述评

20世纪50年代，Markowitz（1952）最先提出了一个重要的研究问题：投资者面对不同的资产，如何进行投资组合选择？Markowitz由于对这一问题进行了深入的研究并提出了均值方差分析框架，而获得了诺贝尔经济学奖。从此，以这一重要问题的研究为开端，逐渐产生了一个新学科——金融经济学，金融经济学假设家庭投资者是理性的，实现资源跨期优化配置，达到长期效用最大化。经济学家最早把效用定义在投资者的财富上，随着研究的深入，又将消费纳入到效用函数之中，并且在动态经济环境中研究投资者如何进行资产选择（Samuelson，1969；Merton，1969，1971）。Campbell（2006）认为，家庭金融主要关注家庭投资者的效用目标，通过合理配置股票、债券、基金、外汇等金融资产，实现资源的跨期优化，从而达到平滑消费并实现效用最大化。因此，资产配置视角下的家庭金融研究继承和扩展了传统的投资组合选择理论（吴卫星，2015）。

根据吴卫星（2015）的综述，家庭金融的研究主要分成两种路径：路径之一是利用已有的金融经济学理论来分析家庭金融行为并对家庭提出金融建议；路径之二是根据家庭金融行为的实证分析结果来提升金融决策理论的深度和广度。目前，经济学家基于资产配置，已经建立诸多家庭金融理论模型来刻画家庭投资者的金融行为，然而，随着家庭金融调查的不断深入，基于家庭微观调查数据的家庭金融研究发现了一些新特征，揭示了与家庭金融理论不相一致的谜团，反过来促进了家庭金融理论的发展。家庭金融谜团的出现，意味着家庭投资者的资产组合除了受资产风险收益和投资者风险厌恶程度影响之外，还受到家庭投资者行为特征、经济环境等其他因素的影响。经济学家围绕这些谜团进行了大量的家庭金融理论研究，扩展了 Merton（1969，1971）的理论。这些研究主要从投资机会、收入风险、住房风险、财富效应等方面和家庭金融决策建立起联系，研究这些因素对家庭金融行为的影响，取得了一些重要研究成果。

一、家庭金融行为研究进展

现代资产配置视角下的家庭金融研究扩展了传统的投资组合选择理论，把效用定义在消费上，将家庭投资者的金融行为和消费联系起来，同时研究最优消费与配置问题，一方面，这些模型引入并分析现实中的一些因素对投资者金融行为的影响；另一方面，这些模型以家庭金融谜团为出发点，建立诸多均衡模型，从而丰富和完善了资产配置视角下的家庭金融理论，形成了一大批研究家庭金融理论的模型。本部分主要围绕影响家庭金融行为的主要因素展开综述。

（一）风险态度

根据马科维茨的现代资产组合理论，每个理性投资者所选择的投资组合都是类似的，即根据风险态度，选择一定比例无风险资产和一定比例由全部风险资产构成的所谓市场组合共同形成的投资组合，风险厌恶程度越高的投资者持有的无风险资产比例越高，持有的市场组合比例越低。这似乎在投资学理论上早就已经成为定论，但在投资实践领域，特别是在家庭金融研究中，学者们很久以来一直困惑于理论与实践的巨大差异。正如 Campbell （2006）所指出的，与理论完全不同，几乎没有家庭投资者持有完全分散化的市场组合。吴卫星等（2010）用中国居民家庭的调查数据也发现，中国居民家庭投资者选择进入不同的资产类别，有着显著的"阶梯形结构"，也就是说，居民家庭在风险资产的投资组合方面存在明显的异质性。

对于风险态度与投资组合分散化之间的关系，Campbell，Chan 和 Viceira（2003）认为，持有高分散化投资组合的概率可能是风险厌恶程度的驼峰形函数。驼峰形曲线出现的原因在于，中度风险厌恶的投资者会通过充分分散化投资来对冲自己将来可能面临的风险，从而保证投资效用最大化，因而持有完全分散化投资组合的可能性最大。驼峰形曲线的两侧，极度风险厌恶的投资者会持有低分散化的投资组合，组合中只包含无风险资产，而极度风险偏好的投资者也会持有低分散化的投资组合，组合中只包含有风险资产。同样是理论研究，Gome 和 Michaelides（2005）得出了不同的分析结果，他们建构了一个跨期替代资产选择模型，分析投资者在面对由两种资产构成的不同类型投资组合时的选择偏好。第一类投资组合包含一种无风险资产和一种风险资产，另一类资产组合只包含无风险资产。分析结果显示投资决策者持有这两类投资组合的可能性都是风险厌恶程度的增函数。原因在于，他们认为风险厌恶的投资者是更加精明谨慎的资金管理者，也因此比那些风险偏好者更有可能积累到财富，因而更有可能持有更多的投资。相反，风险偏好者并不在意积累财富的多少，因此，他们中的大部分人没有足够的财富累积去支付市场参与的固定成本，所以进行风险资产投资的可能性反而不高。

与上述研究不同，国际学术界主要的一些实证研究结果发现家庭投资组合分散化程度与其风险厌恶程度成反比（李雅君等，2015）。Bamsonskh、Schafer 和 Steohan（2012）使用德国家庭金融调查的面板数据，同样发现了投资者风险厌恶程度与持有高分散化资产组合的可能性之间的负相关关系。由以上论述可知，后续的理论研究与经典理论之间存有很大分歧，居民家庭的金融实践更为丰富。例如，Campbell 等（2003）认为不同风险态度的投资者对资产风险性的要求不同，极度厌恶风险的投资者完全不会持有任何不安全的资产以避免一切可能的风险，风险厌恶程度极低的投资者完全不惧怕承担任何风险，而中等风险厌恶的投资者会如经典理论所言，分散化投资以尽量降低非系统性风险，得到了驼峰形关系的结论。

李雅君等（2015）从经典理论和直观分析出发对这一理论和实践的差异问题有一些完全不同的猜想：第一类猜想是基于马科维茨的现代资产组合理论，风险厌恶程度很高的人才会去持有更多种类的资产，充分利用不同资产收益之间的相关关系来降低投资组合的风险，也就是越厌恶风险越注意组合的分散化，越不把鸡蛋放在一个篮子里。这一类猜想的预测是风险厌恶程度与所投资的资产种类成正比；第二类猜想是基于实践的一些"拇指法则"，投资者可能会把资产按照风险程度分成几类，比如期货被认为是属于最具风险的资产类别，而国债被认为是最不具风险的资产类别，投资者如果厌恶风险，则应该少投资一些风险比较大,如期货之类的资产种类,集中于风险比较小,如国债之类的资产类别。事实上,第二类猜想的预测是风险厌恶程度与所投资的资产种类在一定程度上成反比。因此,对于投资者而言,究竟是否会对风险资产进行分散化投资?风险厌恶的投资者又会选择什么样的投资组合去降低风险?问题的结论并不是十分明确。

黄毓慧、邓颖璐(2013)借助实验经济学的思维,用假设证券估值来测度微观个体的风险态度,并将之运用在对居民家庭保险资产持有影响因素的分析上。文章采用全国4066个微观家庭的大样本调研数据,从实证角度验证了风险厌恶程度越高的家庭持有保险资产的意愿更强和数量更多。胡振、臧日宏(2016)基于中国城市居民消费金融调查数据,研究了风险态度、金融教育对家庭金融资产选择和家庭金融市场参与的影响。结果发现,风险态度显著影响家庭金融资产组合分散化程度,风险厌恶程度越高,金融资产组合分散化程度越低。风险态度对家庭正规金融市场参与有显著影响,风险厌恶程度的提高会显著降低家庭在股票、基金、债券、储蓄性保险市场的参与概率,风险厌恶程度增加一单位,家庭参与股票市场的可能性会降低10.5%。风险厌恶程度对股票、基金、债券、储蓄性保险资产在家庭金融资产中的比例具有显著的负向影响。

综上我们可以发现,风险态度是影响中国家庭投资组合中的资产类别选择的重要因素。

(二) 生命周期

一个理性家庭投资者在一生中规划自己的消费和资产配置,由于自己的收入产生于不同的阶段,最优资产配置也会随着居民家庭主要投资决策者的年龄而改变。从生命周期角度研究经济问题始于Diamond(1965)提出的世代交叠模型,模型采用生命周期研究方法,在社会保障公共财政等问题的研究中有着广泛应用。世代交叠模型本质上是异质性代理人模型，它考虑了家庭投资者年龄的异质性，研究家庭投资者在不同年龄阶段的优化问题。在建立模型过程中，生命周期主要通过家庭投资者的加总效用函数表现出来，此外，处于生命周期的不同阶段，家庭投资者的预算约束也会有差异，比如，工作时有工资收入，退休之后就没有工资收入了（吴卫星，2015）。

一些学者从生命周期角度研究了家庭投资者的资产配置问题，Gomes 和 Michaelides（2005）在递归偏好下建立了一个生命周期模型，考虑了家庭投资者风险规避的异质性和一个固定的参与成本，发现模型能够同时拟合股票市场参与和资产配置决策。Cocco 等（2005）在幂效用函数下建立了一个生命周期模型，考察了家庭投资者不同年龄阶段的最优消费和资产配置问题，发现在早期阶段投资需求会增加，由于劳动收入的不确定性，总体阶段投资需求呈下降趋势。

根据我国居民家庭的微观调查数据，一些学者实证研究了家庭投资者的资产配置情况，吴卫星和齐天翔（2007）基于奥尔多投资咨询中心 2005 年投资者行为调查的数据，对中国居民的股票市场参与和投资组合的影响进行了分析，发现中国居民投资的生命周期效应并不明显。廖理和张金宝（2011）研究了全国 24 个城市的消费金融调查数据，发现家庭的金融决策行为与理论上的生命周期假说并不完全符合。然而，吴卫星等（2010）基于北京奥尔多中心 2007 年的调查数据，研究发现我国居民家庭投资结构的生命周期特征在某种程度上存在，但是对不同资产不一致，可以发现几个特征：一是家庭投资者在股票、外汇以及债券投资上的参与率随着年龄的增长显示出钟形结构；二是家庭投资者在房产市场中的参与率随着年龄的增长一直在增长；三是家庭投资者在现金、期货、基金以及个人理财产品投资的参与上，没有呈现出明显的生命周期效应；四是保险产品表现出一个明显的U形结构；五是老年家庭投资者都会参与到储蓄存款市场中来。

柴时军、王聪（2015）利用2011年"中国家庭金融调查（CHFS）"数据，从家庭层面考察老龄化对居民投资决策的影响，描述性统计表明：较之中青年居民，老龄居民的投资渠道逐步趋于单一化，其资产选择更倾向于安全资产，银行存款是其主要投资渠道。实证研究发现：更高程度的老龄人口比显著减弱了家庭对风险资本市场（包括股票、基金市场）的参与倾向；随着年龄的递增，老龄居民对股票、基金以及风险资产的参与概率逐步降低，其显著性逐步增强；进一步研究表明，以老龄人口比和老龄居民年龄阶段虚拟变量反映的家庭老龄化水平，对居民风险资产投资深度有着显著的负面影响，老龄居民不仅更少可能涉足风险资本市场，而且即便进入市场其参与程度也更低。

余静文、姚翔晨（2019）基于宏观数据发现人口年龄结构与金融结构之间存在紧密联系，伴随老年人口占比的提高，金融结构更偏向间接融资，且以金融行为来衡量的风险偏好程度显著下降；并基于2013年中国家庭金融调查数据，从微观主体对金融资产需求的角度研究人口年龄结构对金融结构的影响机制，分析家庭人口年龄结构对风险资产参与行为及风险态度的影响。实证结果表明，家庭老年人口占比越高，家庭参与股票或基金投资意愿及比重越低；对于已持有风险资产的家庭，老年人口占比提高，家庭风险资产持有比重会降低。此外，家庭人口年龄结构会影响风险态度，家庭老年人口占比提升会显著降低风险偏好程度，这是其影响家庭风险资产参与行为的重要渠道。

王聪、杜奕璇（2019）基于2013年中国家庭金融调查数据，从生命周期及年龄结构的角度考察了我国家庭消费负债行为。研究结果表明：户主年龄对我国家庭消费负债行为的影响存在生命周期效应。随着户主年龄增长，家庭持有消费负债的可能性及房产、教育、信用卡负债规模呈现倒 U 形分布，而汽车负债规模则不断下降；老年人口比显著降低了家庭持有消费负债的可能性及消费负债规模，少儿人口比则显著增加了家庭持有汽车负债的可能性及房产、汽车、信用卡负债规模，15—23 岁人口比显著增加了家庭持有教育负债的可能性及负债规模。

（三）背景风险

实际投资过程中，理性家庭投资者可以通过对冲保险或者分散化投资等手段规避一些风险，如金融资产价格的波动风险，然而还有一些风险无法通过金融市场交易来规避，这类风险通常称为背景风险。背景风险的研究始于 Gollier 和 Pratt（1996），在研究投资组合问题时，他们在家庭投资者的决策函数中加入背景风险，比如住房风险、身体健康状况等，认为这部分背景风险不能通过投资组合得到有效分散，背景风险的存在降低了风险资产的持有。吴卫星等（2014）基于中国居民微观调查数据实证研究结果认为，引导中国家庭投资者更多地投资于以股票为代表的风险资产，需要降低投资者的背景风险并延长投资期限。张兵、赵雪蕊（2015）以经典资产组合理论为延伸，探讨中国家庭风险金融资产配置的影响因素，着重基于背景风险的视角，分析劳动收入风险、健康状况、商业及房产投资在其中的重要作用，并且利用西南财经大学中国家庭金融调查（CHFS）的数据进行实证研究。研究发现：家庭理财者的劳动收入风险对风险金融资产的持有比例起反向作用，相反健康状况和健康保障水平对风险金融资产的持有比例起正向作用，而商业及房产投资对风险金融资产表现为"挤出效应"。此外，家庭风险资产配置中存在显著的财富效应和收入效应，信贷约束、主观幸福感等因素并不显著。

1. 住房风险

住房风险是背景风险的一种重要表现形式,一般来讲,房地产可以通过借贷来消费或投资,但其流动性没有股票强,也不能像基金一样可以充分分散化,因此,住房市场的价格波动会对家庭投资者的资产配置产生影响。

从理论建模角度,住房作为一种耐用消费品既可以在效用函数中体现出来,又可以在预算约束中体现出来。Grossman 和 Laroque(1990)建立了一个耐用品存在背景下的投资组合模型,耐用品的非流动属性要求出售时产生交易成本,发现这种交易成本会影响到风险资产的持有。Flavin 和 Yamashita(2002)在均值方差框架下研究了住房和家庭投资组合的关系,认为住房会挤出股票资产投资,而且这种效应对于年轻人和穷人更加明显,这是因为住房投资的存在,年轻人和穷人只能把非常有限的财富投资于股票,降低了金融市场参与带来的收益,也对风险资产投资产生挤出效应(Cocco,2005)。尹志超等(2014)采用中国家庭金融调查数据研究发现,购买自有住房会挤出家庭的金融市场参与和风险投资。陈莹等(2014)利用江苏某银行提供的包含13000个客户资产配置的详细资料,也发现了房产对风险资产配置的挤出效应。

Silos(2007)把家庭投资者的效用定义在消费休闲和住房服务上,在生产经济环境中考察了住房对投资组合的影响,发现这和禀赋经济环境中的研究结果相一致。Pelizzon 和 Weber(2009)研究了住房持有对有效投资组合的影响,发现房屋净值是投资组合非有效性的重要原因。Chetty 和 Szeidl(2010)从两个角度衡量住房价值,一种是住房净值,另一种是购房抵押债务,研究发现两者对风险资产持有影响相反,住房净值的增加提高了风险资产配置,而购房抵押债务导致风险资产配置下降。吴卫星等（2010）研究了中国居民家庭的投资结构，发现在财富水平比较低时，房产挤出了其他风险资产的投资，影响了家庭投资结构，但是对于拥有房产并且非常富有的家庭，房产提高了家庭投资者的抗风险能力，股票投资比例较高。路晓蒙等（2019）运用中国家庭金融调查数据，不仅研究了住房对家庭股市和风险资本市场参与的影响，验证了已有学者得出的住房对家庭参与金融市场的挤出效应；又进一步研究了不同类型的住房负债对该挤出效应的影响程度。文章研究发现，住房对家庭参与股市和风险资本市场有显著的挤出效应，住房不仅降低了家庭进入股票和风险资本市场的概率，也降低了家庭参与股票和风险资本市场的深度。文章研究还发现，房屋负债抑制了住房对家庭股市参与的挤出效应，但房屋正规贷款和房屋民间借款对股市参与的影响相反，房屋正规贷款能够促进家庭参与股市，降低住房对股市参与的抑制作用；但房屋民间借款的存在增加了住房对家庭股市参与的挤出效应。

2. 健康风险

投资者的健康状况可以从两个方面影响居民家庭的资产配置决策，一方面，健康状况比较差的居民需要更多的医疗支出，影响家庭可用于资产配置的资金，特别是股票等风险资产上的投资资金；另一方面，健康状况会对投资者的心理产生影响，进而影响对未来的预期。理论预测健康风险大、健康状况差的居民会选择更安全的资产。

在实证方面，Rosen 和 Wu（2004）利用美国健康与退休数据，雷晓燕和周月刚（2010）利用中国健康与养老追踪调查数据，均发现健康状况对居民家庭资产配置有着非常显著的影响，健康状况比较差的居民家庭会减少金融资产特别是风险金融资产的持有。Berkowitz 和 Qiu（2006）利用美国健康与退休数据研究发现，健康冲击对非金融资产和金融资产的影响是不对称的，当投资者受到健康冲击时，金融资产的减少量大于非金融资产的减少量。李涛和郭杰（2009）发现健康状况对居民家庭的资产组合选择没有影响。吴卫星等（2011）利用奥尔多投资咨询中心2009年的调查数据发现，健康状况不会显著影响居民家庭对股票市场和风险资产市场的参与，但会影响居民家庭总财富中股票和风险资产的比重。Cardak和Wilkins（2009）利用澳大利亚的微观家庭数据，与何兴强等（2009）利用中国家庭的微观数据，均发现当前的健康状况对居民家庭风险资产参与的影响不显著，但未来的健康风险却会影响他们的风险资产投资。何杨平、何兴强（2018）进一步利用国家统计局2009年"中国城镇居民经济状况与心态调查"数据，构建家庭当前整体健康状况和未来健康风险的两维衡量指标，运用Tobit模型分析健康对家庭风险金融资产投资参与程度的影响及机制发现，整体而言，家庭自评非健康成员占比和家庭老年成员占比是家庭健康风险的重要来源，均对家庭的风险金融资产投资比重有显著负影响。进一步研究显示，中低收入家庭和老年户主家庭的结论与全样本保持高度一致，而对于高收入家庭，健康对风险金融资产投资比重没有显著影响。在影响机制上，户主的风险偏好是家庭自评非健康成员占比影响风险金融资产投资比重的传递渠道，而健康不会通过遗赠动机、投资计划期或医疗保险影响风险金融资产投资比重。

已有的研究文献关于健康是否会影响家庭的风险资产，特别是股票市场的参与问题，结论并不一致，那么为什么会有如此大的差距呢？对已有文献的对比可以发现，他们之间的差异主要体现在以下两个方面：一是健康的测度，目前对健康的测度主要有：家庭成员是否患有重大疾病（Berkowitz和Qiu，2006）、自评健康水平（李涛和郭杰，2009）、自评健康与否（吴卫星等，

2011）以及心理健康状况（Vickil 和 Angela，2013）；二是样本范围，Rosen 和 Wu（2004）与 Berkowitz 和 Qiu（2006）利用美国健康与退休数据以及雷晓燕和周月刚（2010）采用中国健康与养老追踪调查数据代表的是老年群体，而吴卫星等（2011）使用的数据针对的是所有群体，因此，使用数据范围的不同也有可能影响到最后结果（吴卫星，2015）。

3. 收入风险

家庭投资者的财富来源于金融资产和人力资本，对应收入分别为红利收入和劳动收入，未来红利收入的现值是金融资产的价值，而未来劳动收入的现值是人力资本的价值。劳动收入作为家庭投资者收入来源之一，对家庭投资者的资产配置有着重要影响，劳动收入风险的上升会导致投资于风险资产的资金比重下降，为了平滑消费，家庭投资者会把劳动收入投资到无风险资产上。

Guiso 等（1996）使用意大利家庭数据实证检验了收入风险和资产持有之间的关系，他们的研究支持不可保的收入风险会降低风险资产的配置份额。Heaton 和 Lucas（2000）实证检验了收入对家庭投资者资产配置的影响，发现那些高的和可变的收入家庭相对于低的和稳定的收入家庭，风险资产的持有比重较低，证实了收入风险对家庭投资者资产选择有显著的影响。何兴强等（2009）运用2006年中国9个城市投资者行为调查数据，实证探测劳动收入风险对居民风险金融资产投资的影响，研究表明劳动收入风险大的居民进行风险金融资产投资的可能性更低。陈莹等（2014）发现，收入风险对家庭风险资产配置的影响随着收入水平的变化而呈现非线性关系。宋炜、蔡明超（2016）在 Campbell 和 Viceira（2002）研究的基础上构建了引入劳动收入的居民资产配置模型，深入分析了与劳动收入相关的3个变量对居民资产配置的影响。基于中国家庭金融调查（CHFS）2011年的数据，运用Probit模型和Tobit模型实证研究发现：我国城镇家庭预期收入增长率对家庭股市参与和参与程度有显著的积极影响，家庭劳动收入的自有风险与家庭股市参与和参与程度显著地负相关，而劳动收入的协方差风险对股市参与的影响并不显著。徐巧玲（2019）根据2013年中国家庭金融调查数据，分别运用Logit、Tobit和Oprobit模型检验劳动收入、不确定风险与家庭金融资产选择的关系。实证结果表明，家庭收入水平影响投资组合多样化，收入显著促进了储蓄与风险资产并存的家庭投资格局；中国家庭存在预防性储蓄动机，当收入不确定增加时，储蓄较风险投资增加更多；中国家庭在风险资产投资中存在谨慎动机，家庭进行风险资产投资时倾向于与无风险的储蓄资产组合；劳动收入显著促进中西部家庭投资组合多样化，而收入不确定风险显著促进东部家庭投资组合多样化；劳动收入及不确定风险通过增加家庭金融知识及风险偏好而促进家庭储蓄和风险资产投资。

从理论模型上研究劳动收入对投资选择的作用开始于Bodie等（1992），把效用定义在劳动和空闲上，研究最优消费和投资组合决策，发现确定性劳动收入类似于无风险资产，能有效增加风险资产的持有，由于家庭投资者通过减少消费和增加劳动，抵御投资损失的能力增加，家庭投资者持有风险资产的意愿增加。Munk和Sorensen（2010）建立了一个包含随机利率的动态模型，证实了不确定的劳动收入对股票债券和现金的配置有重要影响。

4. 社会保障

社会保障是家庭投资者对未来的不确定性进行的保险，遭受风险时可以获得一定补偿，从而能提高风险承受能力，因此，家庭防御性的储蓄下降，消费和风险投资动机增强。在模型中，社会保障可以通过投资者的预算约束表现出来，社会保障对家庭金融行为有重要影响,已有的研究主要集中于社会保障的储蓄和消费含义,以及社会保障的家庭投资选择含义。

Feldstein(1974)提出了社会保障的资产替代效应与引致退休效应,资产替代效应指社会保障减少了私人储蓄,对私人储蓄产生挤出效应,引致退休效应指获得社会保障的人更倾向于提前退休,需要在退休之前积累更多储蓄,因此,社会保障对储蓄和消费的影响取决于资产替代效应与引致退休效应的大小。杨天宇和王小婷(2007)认为,我国社会保障制度的变革降低了我国居民的资产替代效应,同时退休效应依然存在并且显著,同时,我国现行社会保障体系仍然是等级性的,各个阶层之间享受的社会保障有一定差距,导致社会保障刺激某些阶层消费的作用被其他阶层所稀释,因此,我国财政社会保障支出有一定的挤出居民消费的作用。然而,一些学者在社会保障研究中得出了相反的结论,甘犁等(2010)发现,以农村居民、城镇就业居民、城镇未就业居民的人口比例将医疗保险所带动的消费量进行折算,基本医疗保险约带动全国7%的消费。张继海(2008)以2002年和2003年辽宁省城镇居民家计调查数据作为样本,研究表明社会保障养老金财富对中国城镇居民消费支出有显著的正效应,Zant(1998)在社会保障研究中也有类似发现。

一些学者分析了社会保障对家庭金融资产选择的影响,Bertaut和Starr-McCluer(2002)研究发现,拥有养老金可以提高风险性金融资产的家庭参与,但参与的正向作用并不显著。宗庆庆等(2015)基于2011年中国家庭金融调查数据,考察了社会养老保险对家庭风险金融资产投资的影响。研究发现:拥有社会养老保险会显著提高家庭持有风险金融资产的可能性和风险金融资产比重,边际效应分别达到25%和22%左右。这一结果在控制了家庭的经济水平、人口统计学特征和主观投资风险偏好态度等因素后依旧稳健,一个解释是社会养老保险能有效地降低未来的不确定性。进一步分城镇家庭和农村家庭的子样本研究发现,养老保险对家庭风险资产投资的影响在农村很小且统计不显著,这说明新型农村养老保险的养老保障水平和拉动金融消费的作用仍有待提高。李昂、廖俊平(2016)基于2012年中国家庭追踪调查数据(CFPS),在考虑收入风险的条件下实证分析了社会养老保险对城镇家庭风险金融资产配置行为的影响。结果表明,参加了养老保险对家庭提高风险金融市场参与概率和风险资产配置比例具有显著的激励作用。进一步分析可以发现,养老保险、收入风险对家庭风险金融资产配置的边际影响具有生命周期效应,临近退休的家庭的风险金融资产配置行为主要取决于财富规模和收入风险,而对是否参保并不敏感。吴洪等(2017)运用中国家庭金融调查与研究中心2013年调查所得数据,实证分析社会养老保险的参与情况对家庭风险金融市场参与概率以及风险金融资产配置比例的影响。基于Probit和Tobit模型的回归结果表明:参与社会养老保险能在很大程度上增加家庭投资风险金融资产的概率和风险金融资产配额,优化资源配置;并且,这种正向影响在净资产较低的家庭中表现得更为明显。

(四)财富效应

财富作为抵御危机的一种形式,在个人生活中有重要作用,然而,无论从绝对量还是相对量,欠发达国家的家庭财富比重都很低,从全球来看,财富也分布不均,大部分财富集中于北美欧洲以及富裕的亚太国家。相比之下,一国内部的财富分布状况受到更多的关注,美国在20世纪90年代,家庭财富的平均值和中值都下降了,财富分布持续恶化,1%的最富有人群占社会总财富比重从1989年的37.4%上升到1995年的38.5%(Keister和Moller,2000)。同样,意大利在20世纪90年代,社会财富分布不平等在稳定上升，导致这一趋势的重要因素是金融财富集中（Brandolini 等，2006）。

我国同样存在居民家庭财富分布不均的问题。根据李实等（2005）的研究，改革开放以来中国居民的个人财产不断增加，并且居民间财产差距也不断拉大，从 1995 年到 2002 年，居民人均总财产净值实际增加了 1.14 倍，年均实际增长率为 11.5%，城镇居民的财产增幅大大高于农村居民，前者的年均增长率高达 19%，后者年均增幅不足 2%，两者的增长率相差近 10 倍。城镇公有住房私有化扩大了城乡之间的收入差距，农村土地收益的下降，减弱了土地缩小城乡财产差距的作用。目前，农村财产分布的基尼系数已经超过城市，我国财产分布不平等程度已经比较严重。影响财富分布不平等的因素包括金融性资产和房产分布的不平等，职业水平、受教育程度、党员身份和婚姻状况都有助于居民财产的积累，高财富家庭的资产组合呈现出多元化特征，有利于规避风险，同时其融资能力也比低财富家庭强（梁运文等，2010；陈彦斌，2008）。伍再华等（2017）基于 2013 年中国家庭金融调查（CHFS）数据，选用工具变量法，考察了金融素养对城乡家庭借贷行为影响的差异性，并验证了财富不平等扩大会抑制金融素养对家庭借贷行为的影响。研究发现：金融素养是影响家庭借贷行为的重要因素，户主金融素养水平的改善显著提高了家庭发生借贷的概率与家庭借贷规模；金融素养对城乡家庭借贷行为的影响存在明显差异，金融素养的提高对信贷约束较为严重的农村家庭借贷行为的促进作用更大；财富不平等对家庭借贷行为存在明显的抑制作用，财富不平等的扩大减少了家庭借贷需求，降低了家庭发生借贷的概率和家庭负债规模；随着家庭财富不平等程度的扩大，金融素养对家庭借贷行为的促进作用受到抑制。

居民家庭的财富水平会影响到居民的资产配置状况。King 和 Leape（1998）估计了不同资产的需求财富弹性，发现风险资产的财富弹性很高。Tracy 等（1999）和 Carroll（2002）研究发现，较为富有的家庭持有的股票等风险金融资产所占比例明显高于其他家庭，且投资组合更为分散化，原因是他们更有能力支付持有多种股票所需要的交易成本。Bertaut 和 Starr - McCluer（2002）的研究同样证实财富的增加会提高家庭投资者的市场参与程度，Wachter 和 Yogo（2010）的研究也有类似发现。吴卫星等（2015）使用奥尔多投资咨询中心 2009 年家庭投资行为的调查数据，研究发现高财富水平的家庭更倾向于参与金融市场，并且所持投资组合优于低财富家庭。Campbell（2006）认为，投资参与度风险偏好与财富水平是相互影响的，投资参与度和偏好风险较高的户主倾向于积累更多的财产，之后他们还会增加投资参与的广度，并进一步强化对风险的偏好，这又将导致财富进一步增值。周洋等（2018）基于中国家庭追踪调查（CFPS）2014 年的数据，以家庭资产净值衡量家庭财富量，实证研究发现，家庭财富水平的提高能够显著降低居民受到正规金融机构排斥的可能性；高财富水平家庭通过参与金融市场加速其资本积累，资本集聚使得中国财富不平等状况进一步恶化。进一步对城市和农村子样本进行研究的结果显示，家庭财富水平的提高对于缓解农村居民受到金融排斥的效果更为明显。

（五）社会资本

20 世纪 80 年代，社会学家将"社会资本"概念引入社会科学研究领域，后来，经过一系列学者的发展，社会资本理论成为解释社会学、经济学及家庭金融学中的一些重要问题的源泉，如社会治理、企业成长、经济发展、家庭投资选择等（吴卫星，2015）。

社会互动作为社会资本的衡量指标之一，可以影响家庭的金融市场参与行为。Hong 等（2004）研究了社会互动行为对市场参与的影响，社会互动影响股票市场参与有两种渠道：一种是观察学习，和同行了解股票历史收益交易执行；另一种是谈话兴趣，诸如涉及宾馆电影足球市场的谈话，间接对市场进行判断，他们使用密歇根大学社会研究所的 HRS 数据集，通过三个问题建立社会互动的测度：第一个是你知道你的邻居吗？第二个是你常常拜访邻居吗？第三个是你参加宗教活动吗？发现社会互动对金融市场参与有显著影响。李涛（2006）使用 2004 年广东省 7 个城市 2000 余户居民调查数据，重点考察了社会互动和信任对市场参与的影响。因变量股市参与有两个指标：一是居民是否拥有上市公司股票，这与 Hong 等（2004）研究中采用的股票参与指标相同；另一个是上市公司股票在居民金融资产中的重要性。社会互动指标有两类：一类是居民在 2004 年春节期间的拜年总人数；另一类是家庭投资者人际关系的主观评价，取值为 4 到 1，研究发现无论是以居民春节期间拜年总人数衡量社会互动，还是以人际交往的主观评价为指标衡量社会互动，都显著地提高了股票市场参与程度。

社会资本也会影响到家庭资产选择，因为家庭投资者投资金融产品时，不仅依赖于标的物的风险与收益，还依赖于双方信任水平。Guiso 等（2004）提出了一个简单框架，说明社会资本和金融产品决策的联系，并且选择了两个指标衡量社会资本，一个是选举投票，另一个是捐赠献血，通过复杂的实证研究表明：在社会资本较多区域，家庭投资较少部分现金和较大部分股票，并且家庭使用支票和正规信贷程度较高，而在社会资本较少地区，家庭较多地使用非正规借贷，如朋友亲属之间的拆借。李涛（2006）研究了社会资本对投资选择的影响，数据来自北京奥尔多投资咨询中心进行的投资者行为与秩序项目，构造的因变量有两个：第一个是家庭投资者当前是否进行某项资产的投资，第二个是家庭投资者未来期望某项资产投资，实证分析采用 Probit 回归模型，总体而言，社会互动显著提高了个体当前和未来对金融资产投资可能性。

柴时军（2017）使用中国家庭金融调查（CHFS）数据，系统研究了家庭拥有的社会资本对居民投资组合有效性的影响以及社会资本效应在区域间和城乡间的影响差异。研究发现，基于亲友关系的社会资本，显著提高了家庭资产配置的效率，采用工具变量的估计结果也进一步证实，拥有更多社会资本的家庭，投资组合更为有效。分城乡和区域来看，较之农村家庭，城镇家庭投资更为有效，但资产配置效率在中西部家庭与东部家庭间并不存在显著差异，同时，社会资本水平的提高对中西部地区和农村家庭投资组合有效性的边际影响更大。贺建风等（2018）基于 CFPS（2014 年）的微观家庭数据，采用主成分方法构建社会资本的综合指标，并将社会资本分为网络型和感知型两大类，研究社会资本对家庭金融市场参与的影响及其传导机制，实证结果表明，社会资本综合指标和网络型社会资本对家庭金融市场的参与选择以及参与程度均有显著的正向影响，通过工具变量检验后结果依然稳健；在网络型社会资本中，弱关系网络的作用较之强关系网络更为突出；在感知型社会资本中，亲缘关系感知促进了家庭参与金融市场，邻里关系感知对金融市场参与的影响并不显著。进一步的中介效应分析结果表明，社会资本主要通过缓解家庭的流动性约束、提高风险承担能力和拓宽信息获取渠道来促进金融市场参与。魏昭等（2018）运用 2013 年中国家庭金融调查（CHFS）数据，采用极大似然方法，研究了社会网络对家庭正规金融市场参与及资产选择的影响。研究发现，社会网络资源越广的家庭，其参与正规金融市场的概率会提高，其配置于风险资产尤其是股票资产的比例会增加。

（六）金融素养与金融教育

2008年美国次贷危机爆发以后，许多学者认为居民对金融产品认知能力薄弱是导致金融危机发生的重要原因之一（OECD，2015），于是关于金融素养及金融教育等因素对家庭投资行为影响的研究日益增多。根据 Lusardi 和 Mitchell（2014）的定义，金融素养是指人们获取经济信息，并就财务规划、财富积累、负债及养老等事项做出明智决策的能力。在多数文献中，金融素养与金融知识含义基本一致，并经常替换使用（Entorf，2018）。Hilgert（2003）的研究表明，若居民缺乏对金融基本知识的了解以及相应财务计算能力，将导致其做出次优资产配置决策。相反，个人金融素养的提升，会降低其信息搜集与分析成本，进而促进其积极参与包括股票投资在内的金融风险市场（Rooij 等，2011；Almenberg 和 Dreber，2015）。Clark 等（2015）研究发现，金融素养有助于消费者识别投资机会，并对其投资收益率产生正向影响。尹志超等（2014）、吴雨等（2016）分别运用中国家庭金融调查2013年度数据，探讨了金融知识对中国家庭资产配置的影响，发现金融知识水平越高的家庭，越愿意将资产配置到股票等风险资产上，并对财富积累产生积极影响，这一效应在农村地区及低教育水平家庭中表现更加显著。罗娟等（2018）根据中国消费金融调查数据，通过测算家庭主、客观金融素养之间的差值来衡量信息偏差，并发现自信偏差程度与家庭财富增长之间存在倒U形关系，即自信不足程度的降低，有利于家庭财富的增长，而随着过度自信的增加，家庭财富将有所降低。在肯定金融素养促进居民参与股市的同时，学者们也注意到了金融素养对家庭投资多元化所产生的影响。Abreu 和 Mendes

(2010)、Gaudecker（2015）从投资组合角度考察了金融素养的影响，发现两者之间呈现正向关系，即金融素养的提升使得消费者更倾向于分散投资。Chu 等（2016）针对家庭投资股票和共同基金的决策行为进行了分析，发现金融素养高的家庭倾向于配置更多的共同基金以分散风险，而那些金融素养较低、过度自信的家庭，在其投资组合中更倾向于集中持有股票。吴卫星（2006）指出，过度自信会导致投资者过度参与风险资产投资及股票交易，这意味着金融素养有可能与股票市场参与程度之间负相关（尹志超，2014）。曾志耕等（2015）的研究发现，中国家庭风险资产配置种类的多样性，以及股票投资组合的多样性，都显著受到金融知识水平的正向影响。

此外，关于金融素养的研究还体现在对借贷及其他金融行为影响方面。根据彭显琪和朱小梅（2018）的综述，消费者金融素养与借贷行为关系的研究主要集中于金融素养与信用卡使用及抵押贷款关系的分析。Robb 和 Sharpe（2009）发现，金融素养与信用卡使用行为关系复杂，金融素养水平高的大学生会更多地使用信用卡，但也发现这些大学生普遍没有及时偿还信用卡欠款。由于各国抵押贷款产品的特征各不相同，消费者金融素养与其所选择的抵押贷款产品类型的关系在不同的实证研究中也并不一致。Gathergood 和 Weber（2017）研究发现，英国金融素养水平较低的消费者更有可能会选择高成本的可替代抵押贷款产品（Alternative Mortgage Products，AMP），金融素养水平的改善会增加消费者选择低成本的可调利率抵押贷款的可能性。但是，Cox 等（2015）、Ooijen 和 Roolj（2016）发现，荷兰消费者的金融素养水平与 AMP 持有之间呈正向关系。另外，债务素养是一种近年来备受关注的特殊金融素养，债务素养与债务负担之间有较强的关系（Lusardi 等，2009）。较低水平债务素养的消费者更容易有无法判断债务状况、进行高成本借贷（Disney 和 Gathergood，2013）与过度负债的行为。另外，French 和 McKillop（2016）认为，低收入人群的货币管理技能显著影响其债务行为和家庭净资产，但是金融计算（Financial Numeracy）能力对其没有影响。

消费者金融素养与金融咨询行为之间关系的研究结论也是不一致的。Calcagno 和 Monticone（2015）、Collins（2012）认为，金融素养与金融咨询行为之间是互补而不是相互替代的关系。Bucher-Koenen 和 Koenen（2015）认为，由于时间机会成本较高，高水平金融素养的消费者更倾向于使用金融顾问的专业建议，而 Gerrans 和 Hershey（2017）甚至认为，高水平金融素养的消费者能够促使金融顾问提供高质量的服务信息。Rooij 等（2007）发现，金融素养水平低的消费者更依赖朋友和家人等非正规渠道的金融建议。与此相反，Hackethal 等（2012）、Hung 等（2009）、Calcagno 和 Monticone（2015）等发现，金融素养水平较低的消费者由于获取及处理信息方面存在较大的障碍，他们较少意识到自己与金融顾问之间潜在的利益冲突，因而更愿意参考金融顾问的意见。Kramer（2016）发现，消费者咨询金融顾问与其金融素养的主观评价之间存在显著的负相关，而与其金融素养的客观评价无关。

基于金融素养对家庭行为的重要影响，各国政府开始重视并实施以提高消费者金融素养为目标的金融教育政策。然而，金融教育是否真的能够提高金融素养进而改变金融行为？其背后的影响机理又是什么？学界围绕这些问题进行了研究。在理论模型方面，Delavande 等（2008）将金融素养视作人力资本的一部分，根据 Cobb-Douglas 生产函数，构建了两阶段生命周期资产选择模型，用以考察金融教育投入对金融素养及最优退休储蓄、资产组合的影响。模型显示，金融教育投入对金融素养提升效应的影响，取决于消费者自身初始金融知识水平、液态智力（fluid intelligence）及外部环境等因素。Jappelli 和 Padula（2013）将 Delavande 等（2008）的模型由静态拓展为动态，并将金融素养视为内生变量，假定家庭储蓄投资的收益率是金融素养的指数函数，消费者进行金融教育而花费的金钱和时间数量，取决于金融素养投资收益率，而后者还受到金融素养禀赋、时间偏好、货币折现率等多种因素的影响，此外，由于社会保障体系影响消费者投资组合，因此不同国家居民对金融教育的需求存在一定程度的异质性。Lusardi 等（2017）在 Jappelli 和 Padula（2013）模型的基础上，引入消费者面临的收入与健康风险、寿命长短、股市风险等不确定性因素，构建了一个消费者生命周期效用最大化的随机模型，并对不同时期金融教育投资水平进行最优分析，结果显示，并非所有消费者都能从金融教育中获得超出其成本的经济收益，对于部分消费者而言，不投资金融教育反而是最优结果；从政策角度看，有必要设计特定的金融教育干预方案，以增加特殊人群的参与率。

在实证检验方面，现有文献更多关注金融教育对储蓄、退休养老规划、债务等金融行为的影响，且研究结果分歧较大。一方面，一些学者通过考察金融教育对消费者金融素养水平提升及金融行为改变的影响，结果并未发现两者之间存在显著的因果关系（Hastings 等，2013）。Willis（2008，2011）对金融教育的效果提出质疑，甚至认为过时的金融教育将会错误地增加消费者的过度自信，从而导致更差的投资决策。另一方面，越来越多的文献认为，正如理论模型所阐述的一样，针对不同的人群特征，金融教育存在较强的异质性效应（Lusardi 和 Mitchell，2014；Kaiser 和 Menkho，2017）。Grinstein 等（2015）对美国 2044 个低收入家庭进行了研究，发现金融教育能够有效增加家庭的储蓄率。

Batty等（2015）、Brown等（2016）分别关于年轻人储蓄及债务行为的研究表明，金融教育对其增进储蓄意愿及降低债务风险暴露具有显著作用。周弘（2015）基于中国消费金融调查数据，考察了金融教育投入对家庭参与金融市场的影响，结果显示接受金融教育的家庭，其参与金融市场的概率显著大于其他家庭，而且拥有更高的金融资产比重；不同风险偏好的家庭，其金融教育效果存在非对称性。胡振（2016）的研究表明，家庭金融教育投入对风险资产持有比重条件分布的影响，呈先上升后下降趋势，中间分位的要大于两端，即金融教育对于金融资产持有比重处于中等水平的家庭影响更大。杜征征（2017）利用证券公司营业部问卷调查数据，实证分析了金融教育培训对投资者事前风险防范意识及金融产品选择能力提升的影响，发现两者存在显著的因果关系。

总体上，现有关于金融素养、金融教育对家庭投资行为的影响，正在朝着两个方向深入开展。一是进一步完善以消费者最优决策为基础的理论模型，通过融入更多变量使得模型具有更强的现实解释力；二是针对不同人群及其面临的环境特征进行分组实证研究，以更加细致地考察金融教育的异质性效应。本书认为，上述两个研究方向并不矛盾，实证研究所发现的异质性效应恰恰为消费者最优决策模型提供了支持。由于个体面临的背景约束及成本收益函数不同，最优行为决策使其对金融教育的需求及教育效果存在差异，即金融教育的本质功能并非简单、线性地导致消费者行为发生单向变化，而是协助其根据自身情况做出最优选择。就股票市场参与这一行为而言，金融教育能够通过降低信息搜集成本及提高认知能力等渠道促进居民进入股市，这本身也是其扩大其资产配置范围的一种体现。随着金融教育及金融素养水平的进一步提升，金融资产选择范围及组合品种进一步得到拓展，股票配置比重则可能会有所下降。在这一过程中，无论是否参与股市，以及股票资产占比如何变化，都是居民根据自身认知水平做出的最优决策，显然，金融教育及认知水平越高，其决策越接近标准金融模型（Merton，1969）的理论预测，即风险态度对投资行为的影响越大。

（七）信息获取

国外的研究较早开始关注信息渠道与家庭金融市场参与及资产选择的关系。Guiso 等（2005）提出，个体参与投资的概率与其所获有关信息量、得知该金融资产存在的概率相关。Bogan（2008）进一步提出，电脑和互联网的使用，除了降低交易成本外，还使居民更易获得股市信息，从而降低信息成本，促进股市参与。还有一些研究从投资者有限关注的角度探讨新闻媒介的相关信息发布对投资策略的影响，并认为这些信息发布通过影响投资者的注意力配置进而影响其投资决策行为和证券价格市场表现等。Klibanoff 等（1998）研究了《纽约时报》的新闻是否会对封闭式国家基金产生影响，发现新闻的出现会影响投资者的投资需求，并对资产价值的弹性产生影响。Merton（1987）认为，新闻媒体报道会由于信息成本的作用对新股产生长期影响。Liu 等（2008）指出，新闻媒体的报道会吸引投资者的注意，增加投资者对新上市股票的长期需求。进入 21 世纪以来，随着信息化程度的不断加深，越来越多的研究开始关注信息渠道对家庭金融市场参与及资产选择的影响（董晓林等，2017）。

信息渠道指的就是信息获取的渠道（或媒介），主要包括社会互动、计算机网络、报刊、电视等。Hong 等（2004）提出，家庭可以通过社会网络中的信息共享获取资本市场的相关信息，至少可以学习基本操作方法，进而参与股市。还有研究指出，社会互动、网络两种信息渠道对家庭金融市场参与及资产选择有重要影响，并认为投资者依赖的信息渠道不同，其风险态度会有显著差异，以"网络"作为主要信息渠道来源的投资者的风险系数明显高于以其他信息渠道为来源的投资者，风险系数最低的是依靠"熟人信息"的投资者（尹海员等，2011）。曹杨（2015）进一步验证了信息获取是社会网络影响居民参与金融市场的渠道之一，相关投资信息的缺乏对于居民参与股市及其他金融市场会产生不利影响，而社会网络显著降低了这一影响。此外，李涛（2006）提出，社会互动通过内生互动和情景互动两渠道对股市参与造成影响。李涛等（2009）进一步指出，社会互动可能降低居民对股市投资的风险感知，间接影响股市参与风险态度，社会互动程度低的居民其绝对风险规避程度显著反向影响其投资股票的可能，而社会互动程度较高的居民其绝对风险规避程度对其是否投资股票无显著影响。郭士祺等（2014）研究发现，社会互动与网络通过传递股市信息推动股市参与，并且这两种信息渠道在促进家庭股市参与上有相互替代关系。

董晓林等（2017）基于信息获取及信息筛选的视角，剖析不同信息渠道对城乡家庭金融市场参与及资产选择行为的影响机理，并采用中国家庭金融调查（CHFS）2011年和2013年数据实证检验信息渠道在家庭金融资产配置中的重要作用。结果表明：不同渠道对城乡家庭的作用程度存在显著差异。对城镇家庭而言，无论是传统的信息渠道还是依托现代信息通信技术的新渠道都能显著提高其金融市场参与度；而对于农村家庭来说，互联网等新渠道对提高其金融市场参与度和风险资产持有比例的作用更加显著。随后，董晓林、石晓磊（2018）分析了城乡家庭对于互联网金融产品的接受、使用及其影响因素，并重点探究信息渠道和金融素养所起的作用及其作用机制。研究发现，城乡家庭对于互联网金融产品的使用存在较大差异，但随着时间的推进，两者之间的差距在逐渐缩小,农村家庭对于互联网金融产品的使用在逐渐增加;信息渠道对城乡家庭互联网金融产品的使用有显著的正向影响。张奥西、秦海林(2018)基于2014年中国家庭追踪调查数据,运用 IV-Probit 模型和 IV-Tobit 模型分析信息吸纳对家庭金融资产配置的影响。研究结果表明,信息吸纳既会提高家庭参与金融市场的概率,又会增加家庭持有的金融资产总量,有助于优化家庭金融资产配置;与城镇家庭相比,信息吸纳对农村家庭金融资产配置的影响力较弱。

(八) 社会信任

对市场的信任可以促进风险资产投资,提高风险资产在金融资产中的份额。这类研究主要集中于股市的参与率(刘亚琴,2017)。Guiso 等(2008a)对荷兰和意大利的研究表明,对市场信任度低的投资者购买股票的可能性较小,即便购买也买得较少;而信任度高的个体显著更有可能购买股票和风险资产,并且在投资股票时会投入更大比例的财富。由于相对于无风险资产,投资风险资产时其他市场参与者出现的不当行为更多,也更加降低投资者的预期收益。如果市场制度完善,欺诈行为的成本足够高,人们相信金融合约会被遵守,就会愿意投资股市;在制度欠缺的市场中,对欺诈行为没有足够的惩罚,人们当然不愿意参与股市(Asgharian 等,2015)。综合而言,这类研究表明对市场的信任有助于解释不同个体或国家的股市参与差异,缺乏对市场的信任是造成股市有限参与之谜的重要因素(Guiso 等,2008a;Georgarakos 和 Pasini,2011;Balloch 等,2015)。

董俊华等(2013)在家庭资产选择问卷调查数据的基础上,把信任这个主观感受作为一个可以量化的变量,将户主的主观信任感受进行分类,并分别运用 Probit 和 Tobit 统计模型,在控制性别、年龄、教育程度、收入等变量的基础上,分析不同主体信任感受与家庭股票市场参与率（家庭是否参与股票投资）关系的差异性，以及信任对于家庭股票市场参与度（家庭资产投资于股票的比例）的影响，发现家庭对上市公司的信任程度能够显著促进家庭股票市场的参与率。臧日宏、王宇（2017）采用中国家庭追踪调查数据（CFPS）针对城镇家庭进行实证研究，结果表明：社会信任水平上升会显著提高城镇家庭进行风险金融资产投资的可能性和家庭金融风险资产的占比；不同类别的社会信任对城镇家庭风险金融投资决策的影响不同，其中"政府信任"和"普遍信任"对于风险金融资产投资有促进作用，而"亲邻信任"则会有抑制投资的效果；未接受过金融教育的城镇家庭，其社会信任水平的提升对于风险金融资产投资决策的影响更加显著。张海洋、韩晓（2019）基于信任因素，构建了家庭夸期金融决策模型，理论分析显示：家庭对社会其他成员的信任度会影响家庭的跨时期决策，从而影响家庭的投资、保险行为，并在理论分析的基础之上，基于北京大学中国家庭追踪调查数据，使用工具变量法作为识别策略的实证研究证实了家庭信任度和金融行为之间确有因果关系。研究发现：家庭信任度的增加会增加家庭在股票、基金两方面的投资和在正规金融机构的储蓄，但是对非正规的民间借贷投资无显著影响；信任度的增加会促进家庭购买商业性的医疗保险和财产保险，认为我国社会较低的信任水平可能是家庭较少参与资本市场和保险市场的重要原因之一。

二、金融消费者保护研究进展

金融消费者保护不是一个新问题，20世纪90年代，泰勒提出的"双峰理论"将其作为同审慎监管并行的两大金融监管目标之一，同时也拉开了对于相关问题的理论研究的序幕，而不再仅仅局限于政策层面。

　　金融消费者保护包括适当性管理、信息披露、金融教育、金融产品监管及纠纷解决机制等主要内容（Sandlant，2012）。适当性管理旨在确保金融中介机构所提供的金融产品或服务与客户的财务状况、投资目标、风险承受水平、知识和经验相契合（国际清算银行，2008）。Henderson（2011）考察投资者购买结构型金融产品行为后发现，不完善的适当性制度将通过不当销售放大"金融创新的阴暗面"；曾洋（2012）、赵昕（2016）分别考察了我国资本市场及银行理财业务中的投资者适当性制度，指出其在门槛设定、风险承受能力评判标准、法律责任认定等方面均存在明显缺陷。关于信息披露及其监管的最新研究表明，由于金融产品日趋复杂以及消费者的有限注意力偏差，信息披露如果不能突出关键信息，并增强信息的可比性与易读性，则过多的信息反而更易误导消费者（Tennyson，2009；孙天琦，2014）。何德旭（2009）、吴晓灵（2017）等均认为，我国银行理财产品信息披露不规范是造成刚性兑付难以打破的重要原因之一；李云飞（2017）提出，我国民间借贷从传统走向网络后，原有"软信息"约束机制失效，若不能实现对"硬信息"虚假披露的有效监管，将更易导致集资诈骗。在居民金融素养与金融教育领域，经合组织（2008）、Atkinson（2012）、Agarwalla（2015）分别通过国际金融教育网络（INFE）及跨国金融素养指标构建与调查，比较了各国居民金融素养状况及金融教育体系的有效性，发现不同国家存在显著差异；朱涛（2017）、中国人民银行（2017）的研究表明，我国居民金融素养普遍较低，尤其是风险认知及投资理念方面最为薄弱；刘玉珍（2017）指出，金融教育应在区别投资者认知偏误与情绪型偏误的基础上分类实施。此外，作为交易之后的补充性保护措施，金融消费者纠纷解决机制在降低投资者维权成本、增强其对金融市场及机构信心方面具有不可替代的重要作用（Petrauskas，2014），世界银行（2013）提出，通过扩大独立的第三方金融督察裁决权力，能够有效提高纠纷解决效率。吴弘（2015）、李慈强（2016）结合我国存在的诉讼成本高、有效举证难等现实困境，从金融机构信誉及挤兑效应等角度分析了诉讼难的成因，并提出应构建统一的纠纷调解机制；徐孟洲（2015）认为，我国互联网金融消费者非诉讼纠纷解决机制的缺失，是该领域投资者权益受损、风险事件频发的重要原因。

综上所述，现有关于居民金融资产配置行为及金融消费者保护的研究，为我们提供了重要借鉴，但仍然存在以下不足：一是对我国当前特殊存在的居民投资行为异象关注不够，多数关于家庭资产配置的文献局限于股市行为的分析，未能将居民参与非法集资、高配刚兑理财产品，以及股票投资的极端化、散户化等行为异象纳入资产配置分析视野；部分文献虽有涉及，但缺乏对各类异象的深度归纳及统一解释。二是关于金融消费者保护对居民行为影响的研究比较零散，仅偏重于政策的个别方面对具体金融交易的影响，未能从居民资产整体配置的角度，将信息监管、金融教育等主要政策变量内嵌于统一的决策模型中进行系统分析，其研究方法、深度、视野都有待进一步拓展。总之，如何从消费者保护这一重要的政策角度，构建系统的分析框架，来阐释我国居民金融行为的形成机理，并在借鉴国外经验的基础上，提出改善我国金融消费者保护状况的政策建议，正是笔者所要集中探讨、力求突破的地方。

第三章

中国家庭资产配置与负债

一、中国城市家庭资产配置分析

(一) 城市家庭资产快速增长

我国经济增长转向"新常态",增长方式由依靠增加生产要素投入量的粗放型经济增长,转向依靠提高生产要素质量和利用效率的集约型经济发展。2017年我国GDP规模为82.7万亿元,增长速度为6.9%。经济发展速度从高速增长转向中高速增长,稳定在7%左右,呈L形走势。

根据广发银行与西南财经大学联合推出的《2018中国城市家庭财富健康报告》,我国城市家庭资产①规模快速增长。家庭户均资产规

---

① 该报告调研的城市包括北京、天津、石家庄、南京、济南、杭州、上海、福州、广州、深圳、佛山、汕头、中山、湛江、郑州、武汉、长沙、成都、昆明、沈阳、哈尔滨、大连、西安,共计23个城市;家庭总资产包括金融资产和非金融资产,其中非金融资产包括住房、汽车、家庭耐用品、奢侈品和生产经营性资产;家庭金融资产包括现金、存款、股票、债券、基金、理财产品、衍生品、外币资产、贵金属、借出款和其他金融资产。

模从2011年的97.0万元,增加到2017年的150.3万元,年均复合增长率为7.6%(2013—2017年年均复合增长率为9.9%);家庭户均净资产①规模从2011年的90.7万元,增加到2017年的142.9万元,年均复合增长率为7.9%(2013—2017年年均复合增长率为10.1%);家庭户均可投资资产②规模从2011年的28.9万元,增加到2017年的50.7万元,年均复合增长率为9.8%(2013—2017年年均复合增长率为11.5%)③。

预计2018年我国城市家庭的户均总资产规模为161.7万元,户均净资产规模为154.2万元,户均可投资资产规模为55.7万元。全国城市家庭的总资产规模将达到428.5万亿元④,净资产规模将达到408.6万亿元,可投资资产规模将达到147.6万亿元,见图3-1。

当前居民消费价格的上涨幅度超过人民币1年定期存款基准利率,2017年城市CPI为1.6%,而人民币1年定期存款基准利率仅1.5%,表明存款1年后货币购买力下降,实际存款利率为负。在负利率的时代背景下,为保障家庭财富的保值和增值,家庭的财富管理能力值得重视。

---

① 净资产指家庭总资产扣除家庭总负债,家庭负债包括经营性负债、房产负债、车辆负债、耐用品负债、医疗负债、教育负债、信用卡负债和其他负债。
② 可投资资产指家庭的投资性财富总量,包括金融资产和家庭的投资性房产。其中投资性房产指除家庭自住房之外的为赚取租金或资本增值而持有的其他房产。
③ 这里给出的是全部城镇家庭的数据,下文如无特别说明,均指报告中的23个城市收入中位数以上的报告样本数据。
④ 以全国265亿户城镇家庭推算。由国家统计局网站数据可知,2017年末城镇常住人口813.47万人,按照《中国家庭发展报告(2015)》,城镇家庭户均规模为3.07人,推算城镇家庭户数为265亿户。

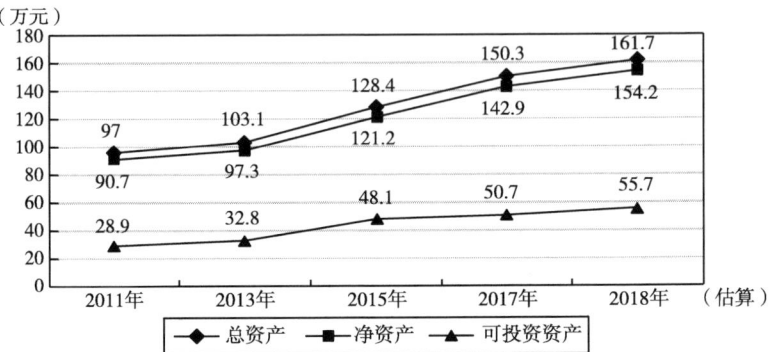

图 3-1 城市家庭户均资产、净资产和可投资资产规模

资料来源：广发银行、西南财经大学，《2018 中国城市家庭财富健康报告》，2019 年。

我国城市家庭的平均资产规模与美国家庭的平均资产规模①存在一定的差距。2017 年我国城市家庭的平均总资产规模为 150.3 万元，远远低于 2016 年美国家庭的 530 万元；我国城市家庭的平均净资产规模为 142.9 万元，美国家庭的平均净资产规模为 467.2 万元。

值得注意的是，我国城市家庭总资产规模在 Top20% 的家庭，其家庭平均资产规模和美国相近。我国总资产规模在 Top20% 的城市家庭，平均总资产规模为 454.5 万元，接近美国家庭的 530 万元；我国总资产规模在 Top20% 的城市家庭，其家庭的平均净资产规模为 435.6 万元，接近美国家庭的 467.2 万元，见图 3-2。

---

① 根据美国消费者金融调查（Survey of Consumer Finance, SCF）2016 年数据计算，2016 年美国家庭的平均总资产规模为 78.5 万美元，家庭平均净资产规模为 69.2 万美元，家庭平均可投资资产规模为 41.4 万美元，家庭平均年收入为 10.2 万美元，为与我国家庭的户均资产和收入规模可比，按照 2017 年全年美元兑人民币汇率 6.7518 进行换算。

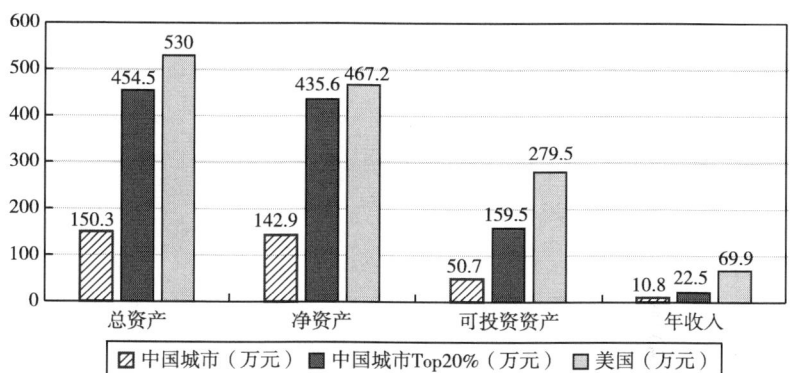

图 3-2 中美家庭平均资产规模对比

资料来源：广发银行、西南财经大学，《2018 中国城市家庭财富健康报告》，2019 年。

虽然中国家庭的户均资产规模低于美国，但是中国家庭的资产增速高于美国。2011—2017 年，我国城市家庭户均资产复合增长率为 7.6%，而 2010—2016 年美国家庭的户均资产复合增长率仅为 3.1%，低于 2011—2017 年我国城市 Top20% 家庭的户均资产复合增长率的 4.3%，见图 3-3。

（二）城市家庭资产配置不尽合理

1. 生命周期理论

生命周期理论是家庭进行资产配置和财富管理无法回避的重要核心理论之一。根据生命周期理论，人的一生中各个阶段的财务状况、生活负担、消费需求、投资需求和风险承受能力等都是不同的。因此，为了家庭财富管理的健康，应清楚地认识家庭的生命周期，站在家庭整个生命周期的高度来进行财富规划，根据所处的不同阶段及时调整资产配置，选择相应的投资品种与投资比例，并采用不同的理财策略，见图 3-4。

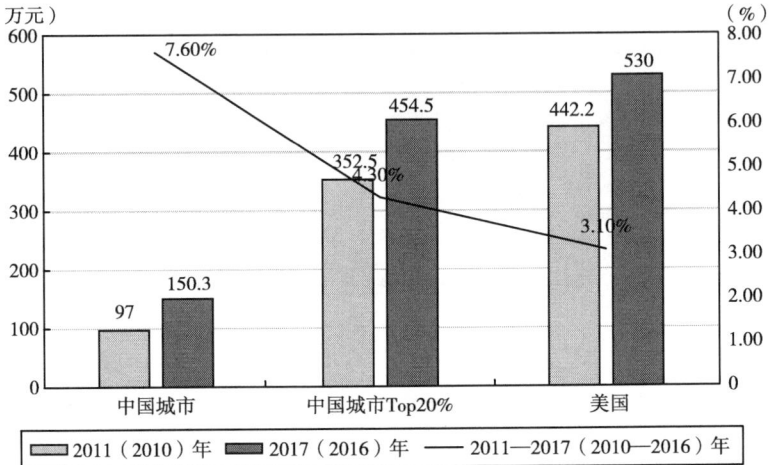

图 3-3　我国城市 Top20% 家庭的户均资产复合增长率

资料来源：广发银行、西南财经大学，《2018 中国城市家庭财富健康报告》，2019 年。

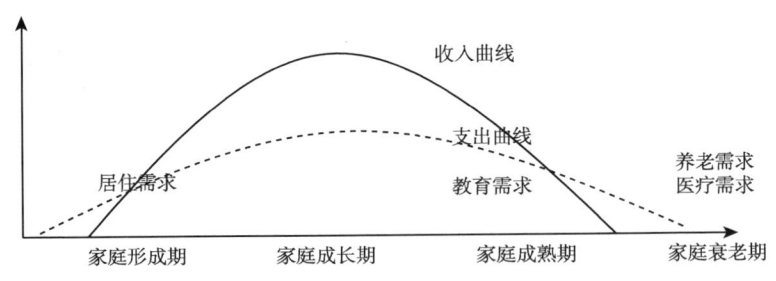

图 3-4　家庭生命周期阶段特征

在生命周期的某个时点上，家庭进行资产配置和财富管理时，其首要问题是如何平衡收益与风险这两项指标来进行资产分配。现实中投资组合的预期报酬越高，波动风险越高；反之，预期报酬越低，波动风险也越低。所以理性的投资人选择投资组合的主要目标是：在固定所能承受的风险下，追求最大的报酬；或在固定的预期报酬下，追求最低的风险。马科维茨的均值方差理论提出了使用收益率的均值与方差来测定投资组合的风险与收益的方法,并通过理论模型得出了如何最优化配置资产的投资组合模型,见图 3-5。

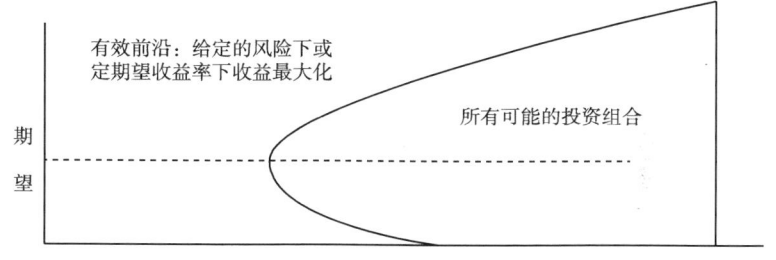

图 3-5 家庭投资组合的有效前沿

2. 中国城市家庭财富健康指数评价体系

根据生命周期理论和投资组合理论,《2018 中国城市家庭财富健康报告》构建了中国城市家庭的财富健康指数评价体系。该体系由"家庭客观风险承受能力与主观风险偏好程度识别体系"和"资产配置健康评价体系"构成,综合考虑了家庭所处的不同年龄段,家庭某个时点上的收入情况、家庭负担、置产状况、投资经验、金融知识等各方面因素。

具体来讲,首先,根据家庭的客观风险承受能力和主观风险偏好程度,确定每个家庭的健康资产配置标准;其次,计算出每个家庭实际配置的大类资产比例;再次,计算每个家庭实际配置的比例和标准配置比例的偏差;复次,计算每个家庭的健康得分;最后,动态矫正家庭的健康得分。

(1) 家庭客观风险承受能力衡量。根据年龄、收入状况、家庭负担、置产状况、投资经验和金融知识 6 个维度衡量家庭的客观风险承受能力。具体的,根据家庭在 6 个维度上的得分,乘以每项权重得每个家庭总得分。

根据得分，可得到家庭实际的风险承受能力并分类：风险承受能力很强（80—100分）、风险承受能力较强（60—80分）、风险承受能力一般（40—60分）、风险承受能力较弱（20—40分）、风险承受能力很弱（0—20分），见表3-1。

表3-1　　　　　家庭客观风险承受能力衡量

维度	100分	80分	60分	40分	20分
年龄（25%）	总分100分，25岁以下者100分，每多一岁少2分，75岁以上者0分				
收入状况（12.5%）	高收入（80%—100%）	较高收入（60%—80%）	中等收入（40%—60%）	较低收入（20%—40%）	低收入（0%—20%）
家庭负担（12.5%）	家庭劳动力占比（80%—100%）	家庭劳动力占比（60%—80%）	家庭劳动力占比（40%—60%）	家庭劳动力占比（20%—40%）	家庭劳动力占比（0%—20%）
置产状况（12.5%）	有自住的住宅且有不动产投资	有自住的住宅且没有房贷	有自住的住宅且房贷<50%	有自住的住宅且房贷>50%	没有自住的住宅
投资经验（12.5%）	投资股票10年以上	投资股票6—10年	投资股票2—5年	投资股票1年以内	无投资股票经验
金融知识（25%）	三个问题全部答对	答对两道	答对一道	全部答错	回答不出

资料来源：广发银行、西南财经大学，《2018中国城市家庭财富健康报告》，2019年。

（2）家庭主观风险偏好程度衡量。主观风险偏好程度由家庭对投资项目收益风险的选择偏好构成。具体的，根据问卷所设计的题目，对家庭的主观风险态度进行识别和分类。问卷中设计题目："如果您有一笔资金，您愿意选择哪种投资项目"，若家庭选择了"高风险、高回报的项目"，则该家庭为高风险偏好程度家庭；若家庭选择了"略高风险、略高回报的项目"，则该家庭为较高风险偏好程度家庭；若家庭选择了"平均风险、平均回报的项目"，则该家庭为中等风险偏好程度家庭；若家庭选择了略低风险,略低回报的项目",则该家庭为较低风险偏好程度家庭;若家庭选择了"不愿意承担任何风险",则该家庭为低风险偏好程度家庭,见表3-2。

表3-2　　　　　　家庭主观风险偏好程度衡量

	如果您有一笔资金,您愿意选择哪种投资项目				
选项	高风险、高回报的项目	略高风险、略高回报的项目	平均风险、平均回报的项目	略低风险、略低回报的项目	不愿意承担任何风险
家庭类别	高风险偏好程度	较高风险偏好程度	中等风险偏好程度	较低风险偏好程度	低风险偏好程度

资料来源:广发银行、西南财经大学,《2018中国城市家庭财富健康报告》,2019年。

(3) 家庭的资产配置体系。家庭的投资资产可以区分为四大类,分别是货币类资产、债券类资产、股票类资产和保险类资产。具体的,货币类资产指银行存款,债券类资产包括债券、基金和理财产品,股票类资产包括股票、金融衍生品、外汇、黄金、其他金融类资产和投资性房产,保险类资产主要指保险资产。

(4) 城市家庭财富管理整体处于"亚健康"状态。根据中国城市家庭财富健康指数评价体系计算得出每个家庭的财富管理健康得分。数据显示,此次调研的23个城市家庭的财富健康得分均值为68.5分,全国城市家庭的财富管理健康得分为66.1分,数据表明城市家庭的财富管理整体处于"亚健康"状态,见图3-6。

通过分析城市家庭的财富健康得分分布,可以更全面地了解中国城市家庭的财富管理健康状况。数据显示,33.5%的家庭财富管理健康得分高于70分,28.4%的家庭财富健康得分在60—70分之间,但仍有38.1%的家庭得分在60分以下。数据表明,我国城市部分家庭的财富管理水平有待改善,见图3-7。

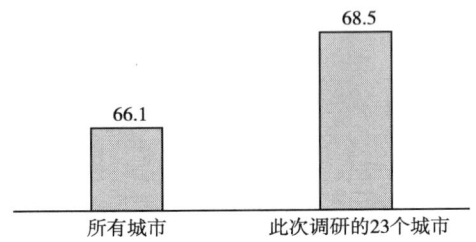

图3-6　城市家庭的财富健康得分

资料来源：广发银行、西南财经大学，《2018 中国城市家庭财富健康报告》，2019 年。

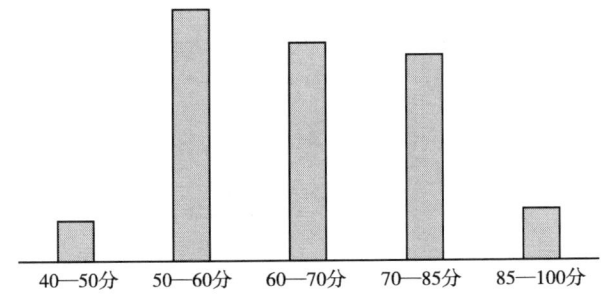

图3-7　城市家庭的财富健康得分分布

注：85 分以上的为"非常健康"，70—85 分为"基本健康"，60—70 分为"亚健康"，60 分以下为"不及格"，50 分以下为"非常不健康"。

资料来源：广发银行、西南财经大学，《2018 中国城市家庭财富健康报告》，2019 年。

3. 家庭住房资产占比较高，挤压了金融资产

近年来我国房价的持续快速增长导致家庭总资产中房产占比较高。数据显示，我国家庭总资产中住房资产占比高达 77.7%，远高于美国[①]的 34.6%；在金融资产上，我国家庭总资产中金融

---

① 美国数据来自美国消费者金融调查数据 SCF（Survey of Consumer France）。

资产占比仅为 11.8%，在美国这一比例为 42.6%。较高的房产比例吸收了家庭过多的流动性，挤压了家庭的金融资产配置，见图 3-8。

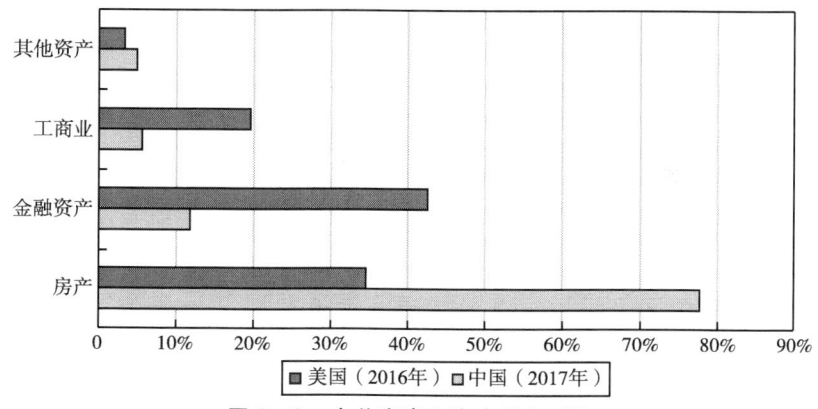

图 3-8 中美家庭总资产配置对比

资料来源：广发银行、西南财经大学，《2018 中国城市家庭财富健康报告》，2019 年。

与美国、法国、英国等其他国家相比，中国家庭金融资产配置比例很低。其他国家的家庭更注重金融资产的配置。日本 2017 年金融资产占总资产的配置比例达 61.1%；新加坡、瑞士和英国金融资产配置占比相对较低，但也都在一半以上；加拿大为 48.6%；法国偏低，为 39.8%，都远高于我国城市家庭的 11.8%，见图 3-9。

家庭对住房资产的过度配置，是造成家庭财富管理水平低的重要原因之一。财富健康得分在 70 分以上的家庭，其房产占比明显低于健康得分在 50—70 分的家庭。家庭的房产配置对其金融资产的配置造成了资金挤压。房产占比较高的家庭，其金融资产配置占比明显较低。家庭财富健康得分在 50—60 分之间的家庭，其房产占比为 77.4%，而金融资产占比仅 9.3%；对应的，家庭财富健康得分在 85—100 分之间的家庭，其房产占比为 70.5%，而金融资产占比高达 16.9%，见图 3-10。

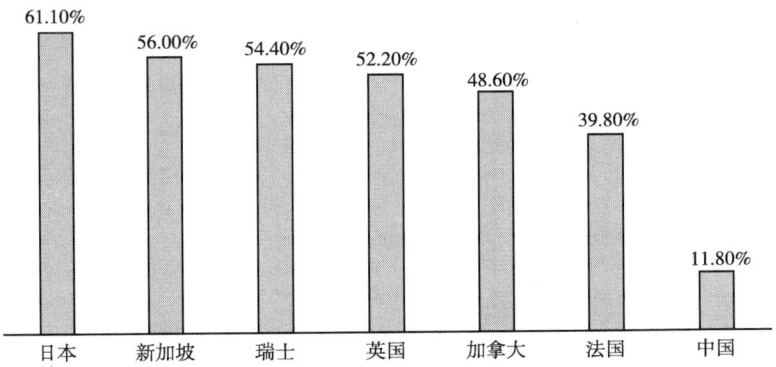

图 3-9　各国家庭金融资产配置占比（2017 年）

资料来源：中国数据来自 2017 年 CHFS，其他国家数据来自 2017 年瑞信《全球财富报告》。

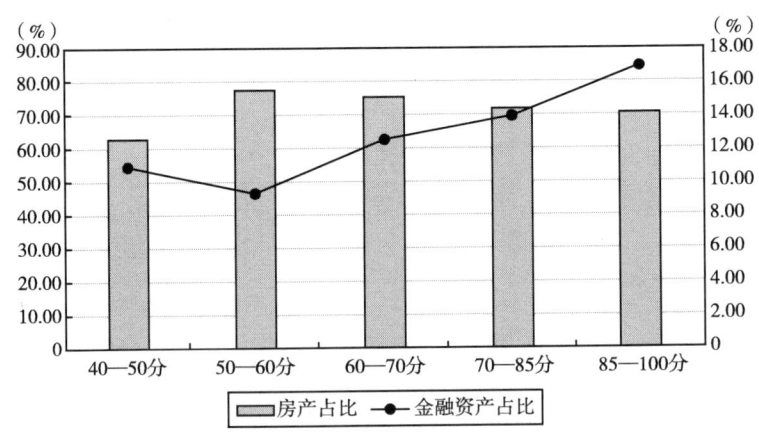

图 3-10　不同财富健康得分家庭的大类资产配置

资料来源：广发银行、西南财经大学，《2018 中国城市家庭财富健康报告》，2019 年。

4. 家庭的金融资产配置特点

（1）家庭金融资产配置不均衡。银行存款和理财产品是家庭偏爱的投资品。整体来看，我国家庭的各类金融资产配置不均衡。家庭金融资产配置中高达43%为银行存款；其次为理财产品，占比为14%；家庭在风险类金融资产上配置较少，股票占比为8%，基金占比为3%，债券占比仅1%，见图3-11。

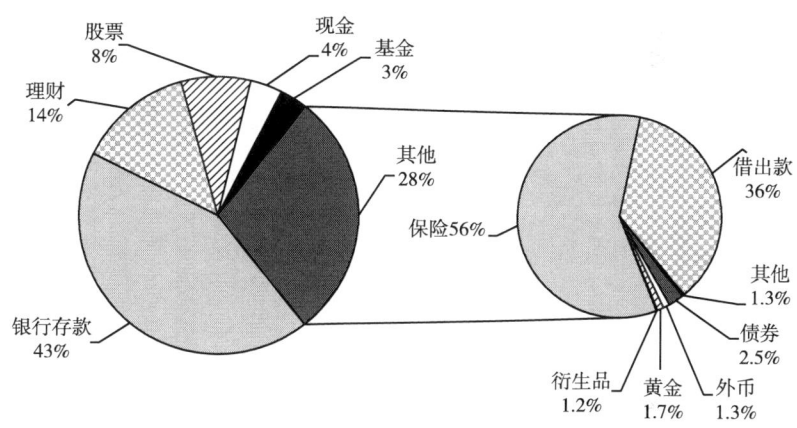

图3-11　城市家庭的金融资产配置结构

资料来源：广发银行、西南财经大学，《2018中国城市家庭财富健康报告》，2019年。

（2）家庭的投资品类缺乏多样性。对比我国和美国家庭的投资品种的多样性[①]。数据显示，67.6%的中国家庭仅仅拥有一种投资品，22.7%的中国家庭拥有两种投资品，拥有三种或者三种以上投资品的家庭仅仅占到9.7%。与之对比，拥有三种或者

---

① 中国家庭投资品种：投资性房产、定期，股票、基金、理财产品债券、衍生品、外汇、贵金属。
美国家庭投资品种：投资性房产、储蓄账户、货币市场账户、存款证、储蓄债券、股票、信券、基金、退休金。

三种以上投资品的美国家庭占比高达61%。数据表明,中国家庭的投资缺乏多样化,见图3-12。

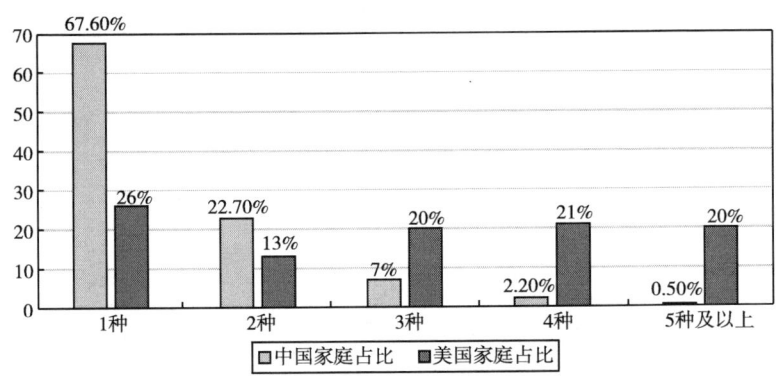

图 3-12 中美家庭投资品种多样化对比

资料来源:广发银行、西南财经大学,《2018中国城市家庭财富健康报告》,2019年。

(3) 我国家庭金融资产组合的风险呈现两极分化特征。将家庭金融资产区分为存款类、债券类和股票类,以家庭资产组合收益的标准差为主要的风险度量标准,从而计算家庭金融资产组合的风险分布情况。数据显示,风险值为 0 的家庭为 46.2%,风险值在 (0, 0.06] 区间的家庭为 27.7%,风险值在 (0.06, 0.24] 区间的家庭仅 11.5%,而风险值在 (0.24, 0.3] 的家庭占比达 14.7%。对比美国家庭的金融资产组合的风险分布发现,美国家庭的金融资产组合风险分布较为分散,两极分化的特征并不存在,有很大比例的家庭承担的金融资产组合风险处于中间较为适中的区域。数据表明,我国家庭金融资产组合的风险呈现两极分化特征,显示出家庭投资存在极端化问题,见图3-13。

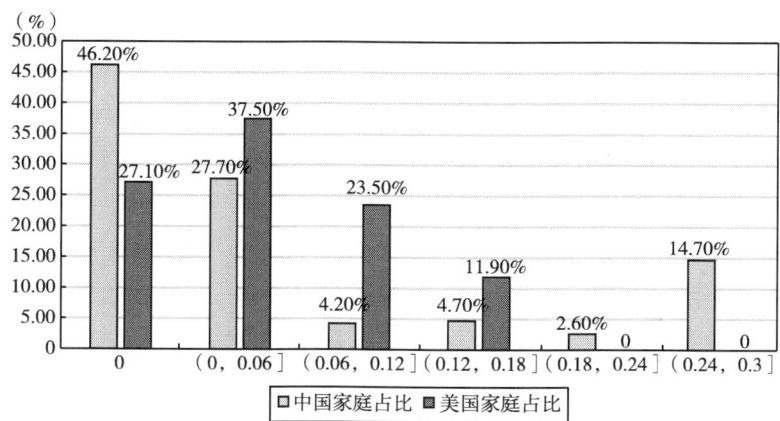

图 3-13 中美家庭金融资产组合风险分布的对比

资料来源：广发银行、西南财经大学，《2018 中国城市家庭财富健康报告》，2019 年。

二、中国家庭债务分析

（一）宏观层面住户部门的债务

中国人民银行《中国金融稳定报告 2018》显示，近年来，我国住户部门债务水平呈不断上升趋势，个人住房贷款保持较快增长，短期消费贷款于 2017 年高速增长，互联网金融作为居民负债的补充渠道呈现井喷式发展，与其他国家相比，我国住户部门债务风险并不突出，住房信贷政策也更为审慎，但债务增速偏高的趋势应引起关注。

1. 住户部门债务水平及结构

2017 年末，我国住户部门债务①余额 40.5 万亿元，同比增长 21.4%，较 2008 年增长 7.1 倍。存款类金融机构住户部门贷

---

① 根据国际货币基金组织和国际清算银行的统计口径，住户部门债务为存款类金融机构信贷收支表中的住户贷款。

款占全部贷款余额比例为32.3%，到2008年增加14.4个百分点。从结构上看（见表3-3、图3-14），住户部门债务主要由消费贷款和经营贷款构成，2017年末，两者占住户部门债务余额的比例分别为77.8%和22.2%，同比增速分别为25.8%和18.1%。我国住户部门债务结构呈现以下特点。

表3-3　　　　2017年住户部门债务余额及增速　　　　单位：亿元，%

类型	余额	同比增速
消费贷款	315396	25.8
其中：短期消费贷款	68123	37.9
中长期消费贷款	247173	22.9
其中：个人住房贷款	218605	22.2
经营贷款	89854	8.1
其中：短期经营贷款	45854	-0.8
中长期经营贷款	43999	19.1
总计	405150	21.4

资料来源：中国人民银行。

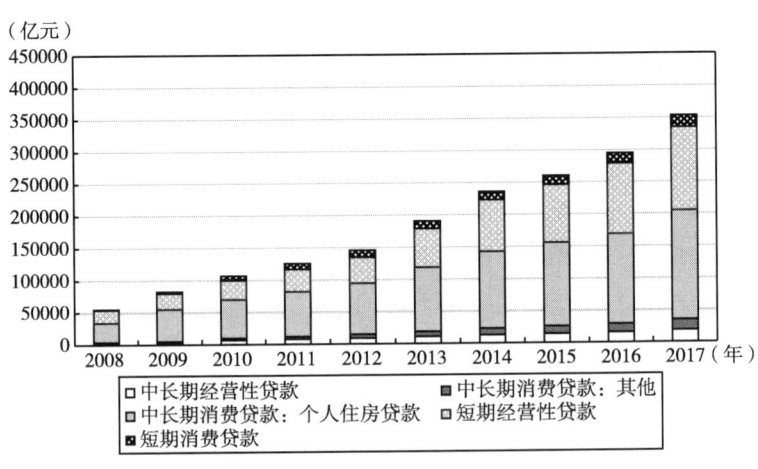

图3-14　2008—2017年住户部门债务分布

资料来源：中国人民银行。

（1）个人住房贷款占据主体地位，整体债务水平与房价相关性较高。自1997年商业银行开办个人住房抵押贷款业务以来，如图3-15所示，住户部门债务中个人住房贷款一直占据主体地位。2008—2017年，个人住房贷款余额从3.0万亿元增至21.9万亿元，占住户部门贷款余额的比例保持在45%—54%。

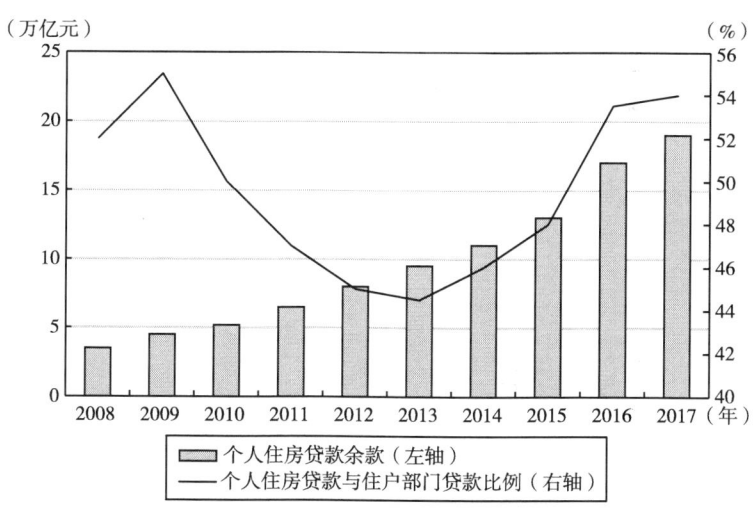

图3-15 个人住房贷款变化趋势

资料来源：中国人民银行。

住户部门债务水平与房价呈现较大的相关性，见图3-16。2009年，我国实行积极的财政政策和适度宽松的货币政策，采取了一系列促进房地产市场发展的政策、房地产市场价格止跌回升，住户部门债务也随之快速增长。2000年底，住户部门债务余额8.2万亿元，同比增长43.3%，其中个人住房贷款余额4.4万亿元，同比增长479%。2010年，为抑制部分城市房价过热，国家加大房地产市场调控力度，金融管理部门出台差别化信贷政策，对抑制投机需求，控制房价起到了积极作用。与此同时，个人住房贷款增速和住户部门债务增速也在2010—2012年持续下降。此后，房价增速随着政策调控的放松与收紧而交替呈现上升—下降的M形波动态势，住户部门债务增速依然与房价增速保持一致的变动趋势。

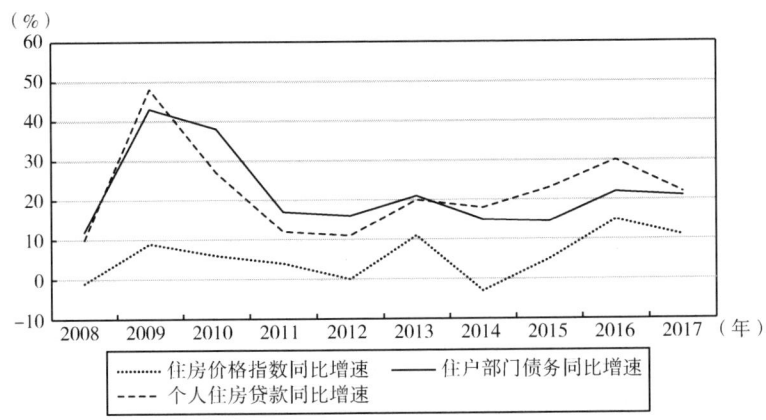

图3-16 住户部门债务水平与房价的关系

资料来源：中国人民银行。

2017年3月起，针对房价上涨过快问题，相关部门出台一系列房地产调控政策。此后，北京、上海等城市的房地产交易明显下降，房价过快上涨的势头得到了有效抑制，与此同时，2017年末，个人住房贷款余额同比增速相应降至22.2%。

（2）2017年短期消费贷款高速增长。近年来，随着市场的发展，各类消费需求的提高以及信用卡的普及，短期消费贷款在住户部门债务中占比不断提升，2008—2017年末，该比例从7.3%增至16.8%，短期消费贷款的增长对于提高居民生活水平、支持经济发展起到了积极作用。但值得注意的是，2017年，中长期消费贷款增速下降，而短期消费贷款增速大幅上升。2017

年1月,短期消费贷款余额同比增速为19%,至2017年10月已增至40.9%,见图3-17。

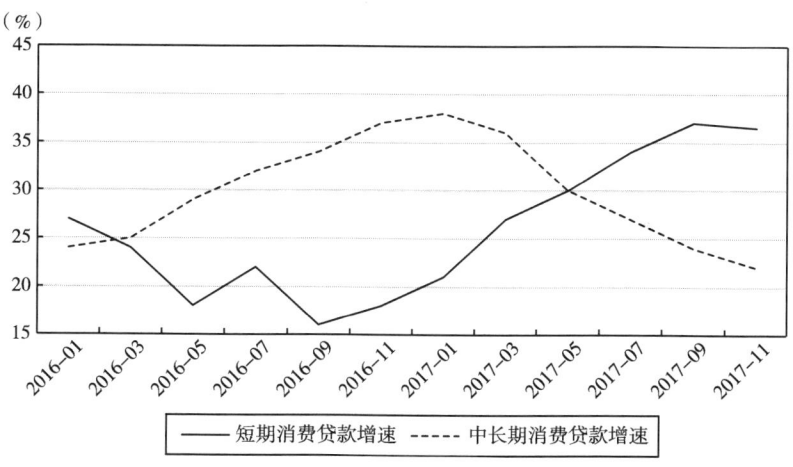

图3-17 短期消费贷款与中长期消费贷款增速(2016—2017年)
资料来源:中国人民银行。

初步分析,短期消费贷款的异常增长可能有如下原因:首先,在整体利差处于低位的情况下,银行有动力投放收益更高的消费信贷,P2P监管趋严也促使了部分消费贷款回流银行体系。2012—2016年,年度新增短期消费贷款占同期银行业金融机构新增全部贷款的比例维持在5.8%—7.7%,而2017年,该比例增长至13.8%。其次,近年来购房开支骤增透支了部分居民的消费能力,使其转向利用短期消费贷款维持消费水平。最后,部分购房者利用消费贷等产品规避首付比的限制。

(3)互联网金融和民间借贷等成为住户部门负债的渠道之一。除上述纳入统计范围的住户部门债务外,互联网金融、民间借贷、典当行等也是居民获取资金的途径。2013年起,互联网金融依托互联网技术的便利性和低成本,提供小额、短期、低门槛的贷款服务，业务呈现井喷态势。除传统银行开办的网络审批贷款业务外，个人从互联网获取贷款的渠道主要包括 P2P 平台、网络小贷公司以及持牌消费金融公司。据中国互联网金融协会的不完全统计，2013—2017 年，P2P 等网贷行业贷款余额（包括企业贷款和个人贷款）的年均复合增长率达到 159%。互联网金融在弥补传统金融服务不足、便利居民借贷等方面发挥了积极作用。然而，部分居民不考虑还款能力，利用互联网金融征信缺失过度借贷，造成逾期无法偿还，甚至引发暴力催收等恶性事件。此外，还有部分居民通过典当行、民间借贷等非正规融资渠道借款。

2. 住户部门债务风险分析

从整体水平看，中国住户部门债务负担低于国际平均水平，且住房贷款抵押物充足、违约率低，当前债务风险总体可控，但债务积累过快需予以关注。

（1）住户部门杠杆率低于国际平均水平，但增速较快。2017 年末，我国住户部门杠杆率（债务余额/GDP）为 49.0%，低于国际平均水平（62.1%），但高于新兴市场经济体的平均水平（39.8%），见图 3-18。国际货币基金组织认为，住户部门债务与 GDP 的比值低于 10% 时，该国债务的增加将有利于经济增长，比值超过 30% 时，该国中期经济增长会受到影响，而超过 65% 会影响到金融稳定。

尽管我国住户部门杠杆率低于国际平均水平，但近年来增速较快。2008 年末，我国住户部门杠杆率为 17.9%，至 2017 年末已经达到 49.0%，10 年间上升 31.1 个百分点。在中国住户部门杠杆率快速上升的同时，其他主要经济体的住户部门都经历了不同程度的去杠杆，见图 3-19。例如，美国住户部门杠杆率从 2008 年末的 95.4% 显著降至 2017 年末的 78.7%，同期日本住户部门杠杆率从 59.5% 降至 57.4%，欧盟从 60.4% 降至 58.0%。

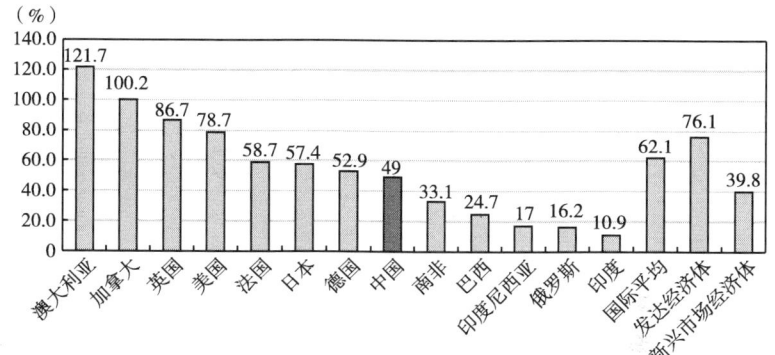

图 3-18 2017 年末部分经济体住户部门杠杆率

资料来源：中国人民银行，《中国金融稳定报告 2018》，2019 年。

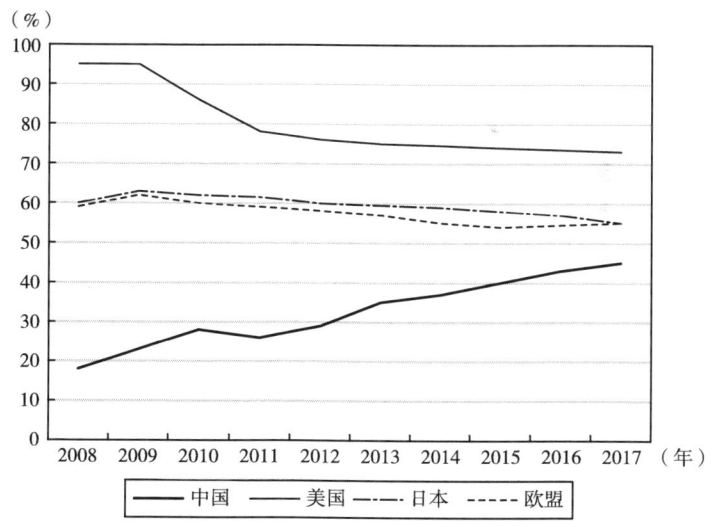

图 3-19 主要经济体住户部门杠杆率变化趋势（2008—2017 年）

资料来源：中国人民银行，《中国金融稳定报告 2018》，2019 年。

综合各经济体住户部门当前债务水平和增长趋势，见表 3-4，截至 2017 年末，住户部门债务风险呈"高红预警"的为中国香港、韩国、卢森堡、瑞士、挪威、瑞典。以上经济体住户部门杠杆率超过65%，并且仍呈增长态势。中国内地住户部门杠杆率在30%—65%，亦呈增长态势，应受到重视。

表3-4　　2017年各经济体住户部门杠杆率水平及变化趋势

变化趋势	住户部门杠杆率超过65%		住户部门杠杆率在30%与65%之间		住户部门杠杆率低于30%	
增加	中国香港 韩国 卢森堡	瑞士 挪威 瑞典	比利时 智利 中国内地	以色列 法国	阿根廷 印度	墨西哥 俄罗斯
平稳或下降	澳大利亚 加拿大 丹麦 芬兰 马来西亚	荷兰 葡萄牙 泰国 英国 美国	奥地利 德国 希腊 爱尔兰 意大利 捷克	日本 波兰 新加坡 南非 西班牙	巴西 哥伦比亚 印度尼西亚 沙特阿拉伯	土耳其 匈牙利

（2）偿债比率处于国际平均水平，债务收入比增长迅速。偿债比率考察的是住户部门用多少收入来偿还债务，即住户部门当年应还债务本金与利息之和与住户部门可支配收入的比值。根据国际清算银行关于住户部门偿债比率的计算方法，2017年末，我国住户部门偿债比率为9.4%，与其他国家相比处于中等水平，接近英国的偿债比率，见图3-20。发达经济体的偿债比率分布比较分散，荷兰、澳大利亚、丹麦、挪威等经济体比较高，日本、法国和德国则处于较低水平。

债务收入比是以可支配收入衡量的住户部门债务水平。2008—2017年，我国住户部门债务收入比从43.2%增至112.2%，10年间上升69个百分点。其中，房贷收入比（个人住房贷款/可支配收入）从2008年末的22.6%增至2017年末的60.5%，10年间上升37.9个百分点。

第三章 中国家庭资产配置与负债

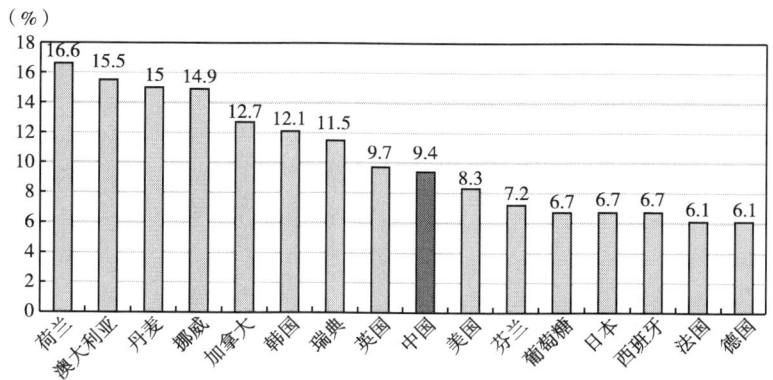

图 3-20 部分经济体住户部门偿债比率（2017 年）

数据来源：中国人民银行，《中国金融稳定报告 2018》，2019 年。

（3）住户部门债务抵押物充足，违约风险较低。长期以来，我国实施审慎的住房信贷政策，对首付比要求较其他多数国家更为严格。2017 年，我国个人住房贷款平均抵借比（即当年批准的抵押贷款金额除以当年批准的抵押品价值）为 59.3%，风险抵御能力较强。此外，我国住户部门贷款的不良率一直处于较低水平。2017 年末，个人不良贷款余额 6149.3 亿元，不良率为 1.5%，低于银行贷款整体不良率 0.35 个百分点。个人住房贷款、个人信用卡贷款和个人汽车贷款不良率分别为 0.3%、1.6%、0.7%，较上年分别降低 0.1 个、0.3 个和 0.1 个百分点。

（4）东南沿海地区住户部门债务风险相对较高。从区域分布看，2017 年全国各地区住户部门债务风险程度不一。杠杆率超过全国平均水平的省份分别是：上海（65.5%）、浙江（65.4%）、甘肃（59.8%）、广东（59.1%）、北京（58.8%）、福建（57.5%）、重庆（50.6%）、宁夏（49.3%）和江西（49.2%）。上述地区中，上海、浙江、广东、福建、重庆 5 个省市的住户部门债务与存款的比例以及债务收入比也超过全国平均水平，应加以关注。

（二）微观层面家庭的债务

在微观层面，根据西南财经大学《中国家庭金融调查报告 2014》（以下简称《报告》）的数据，在中国家庭金融调查样本中，有负债[①]的家庭占 38.22%。其中，城市家庭负债比例为 35.16%，农村家庭负债比例为 40.31%。从图 3-21 可知，中国家庭负债均值为 62576 元。其中，城市家庭总负债均值为 100815 元；农村家庭总负债均值为 36504 元。如表 3-5 所示，中国家庭总体的资产负债率为 4.76%，其中，城市家庭为 4.08%，农村家庭为 9.81%，农村家庭资产负债率约为城市家庭的 2.5 倍。由此可知，虽然农村家庭负债的平均数低于城市家庭，但是，农村家庭负债的比例以及负债占资产的比重均显著高于城市家庭。因此，农村家庭的负债是一个需要关注的问题。

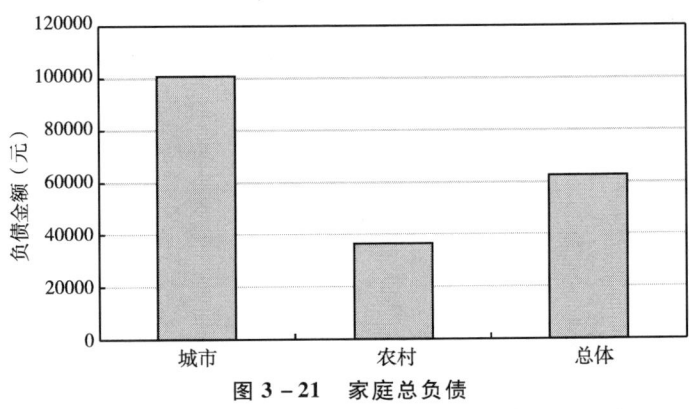

图 3-21 家庭总负债

资料来源：西南财经大学，《中国家庭金融调查报告 2014》，西南财经大学出版社，2014 年。

---

① 负债包括农业及工商业借款、房屋借款、汽车借款、金融投资借款、信用卡借款以及其他借款等。

表 3-5　　　　　　　　　家庭资产负债率

	资产负债率
总体	4.76%
城市	4.08%
农村	9.81%

资料来源：西南财经大学，《中国家庭金融调查报告2014》，西南财经大学出版社，2014年。

此外，《报告》还显示了教育负债的基本情况。教育负债在城乡的分布比例有很大的差异，大部分教育负债都集中在农村。如表3-6所示，在有个人教育贷款家庭中，农村家庭占比77.88%，是城市家庭占比的3.5倍。同样，在有亲戚朋友或非银行类机构借款的家庭中，农村家庭占比高达67.37%，是城市家庭占比的2倍。

表 3-6　　　　教育负债在城乡的分布比例（%）

	农村	城市	总计
个人教育贷款	77.88	22.12	100.00
亲戚朋友或非银行类机构贷款	67.37	32.63	100.00

资料来源：西南财经大学，《中国家庭金融调查报告2014》，西南财经大学出版社，2014年。

在16周岁及以上年龄的在校学生中，根据学历层次的不同，家庭教育负债的比例也不一样。随着在校学生学历层次的提高，家庭的教育负债比例大幅提高。如表3-7所示，对于教育负债，有大专（高职）及以上学历在校学生的家庭中，拥有贷款的家庭比例为10.57%，是有高中/中专（职高）及以下学历在校生家庭拥有贷款比例的3倍，后者仅为3.65%。对除教育贷款之外的借款，在有大专（高职）及以上学历在校学生的家庭中，有借款的比例为25.31%，同样是在有高中/中专（职高）及以下学历在校学生家庭中拥有借款家庭占比的 1.36 倍。

表 3-7　按学历看家庭教育贷款、借款比重（%）

学历层次	有负债家庭	无负债家庭
教育贷款		
大专（高职）及以上学历	10.57	89.43
高中/中专（职高）及以下学历	3.65	96.35
教育借款		
大专（高职）及以上学历	25.31	74.69
高中/中专（职高）及以下学历	18.62	81.38

资料来源：西南财经大学，《中国家庭金融调查报告2014》，西南财经大学出版社，2014 年。

在家庭支付方式方面，消费者在各种购物支付方式中仍以现金支付方式为主。如表 3-8 所示，以现金支付的交易次数占总交易次数的 79.60%，所占比例最高。同时，通过借记卡（储蓄卡）和贷记卡（信用卡）方式来进行支付也是另外两个重要的购物形式。具体地，以这些方式进行的交易次数分别占总交易次数的 8.05% 和 6.97%。总体来看，家庭支付方式呈现多元化趋势。

表 3-8　购物支付方式的分布

支付方式	百分比（%）
现金	79.60
借记卡（储蓄卡）	8.05
贷记卡（信用卡）	6.97
准贷记卡	0.08
购物券/卡	2.89
第三方支付（如支付宝）	2.23
其他	0.18

资料来源：西南财经大学，《中国家庭金融调查报告2014》，西南财经大学出版社，2014 年。

使用信用卡的主要原因是方便日常生活，占比61.26%。家庭基于提前消费与透支的目的使用信用卡的占23.16%。在信用卡还款方式上，高达84.72%的家庭都选择了提前偿还或者到期全额偿还。就家庭所用信用卡的信用额度而言，最主要的信用卡户均信用额度为24000多元，但只有22%左右的信用卡预借过现金。此信用卡每月消费额为户均3300元左右，户均欠款金额1089元。其次的信用卡户均信用额度为20694元，预借现金的比例为18.07%，该卡每月的户均消费额度2722元，户均欠款金额1103元，见表3-9。

表3-9　　　　　使用信用卡的主要目的

用卡目的	百分比（%）
方便日常生活	61.26
享用信用卡免息期	10.15
可以提前消费	13.76
透支	10.40
其他	4.44

资料来源：西南财经大学，《中国家庭金融调查报告2014》，西南财经大学出版社，2014年。

总的来看，我国城市家庭财富在快速增长的同时，资产配置结构呈现出与经典金融理论不一致的特征，除了过多集中于房产与银行存款之外，部分参与股票市场的投资者也表现出极端化。从负债来看，虽然我国家庭部门总体负债率不算特别高，但近年来的增长速度值得高度关注。从家庭资产负债结构合理化的角度看，为进一步优化家庭金融行为，有必要深入研究居民金融行为背后的微观机理及制度、政策根源。

第四章

家庭金融行为的机理分析

根据既有文献，影响家庭金融行为，尤其使投资行为的主要因素包括风险态度、财富水平、健康状况、背景风险、信息获取、信任、金融素养等。笔者认为，从行为人决策者角度看，财富水平、健康及背景风险等因素，更多是通过风险态度来影响决策，因此，本章重点关注风险态度、信息、金融素养及信任这些相对独立的因素，从理论上分析其对家庭投资行为的影响。

一、风险态度对家庭金融行为的影响

（一）基本模型

自从 Merton（1971）建立跨期消费和投资组合模型以来，家庭金融决策研究可以借鉴的基本框架就已经形成。家庭金融研究文献根据各自研究目的，考虑了一些具体的经济情况，一方面使模型的设定更加贴近现实，另一方面也增加了模型的复杂程度，尽管这些模型的研究方法类似,但其设定差异较大。根据 Campbell 和 Viceira 及吴卫星(2015)的文献综述,此处介绍一个简单的通用框架作为基础来总结家庭金融理论层面的研究。

该经典框架从资产配置视角,考虑一个代表性家庭投资者的禀赋经济环境,把效用定义在消费上,投资者在预算约束下进行最优消费和资产选择,目标是实现效用最大化。

假设一个代表性家庭投资者在离散的无穷时间内进行投资选择,在 t 时,代表性家庭投资者的财富为 W_t,消费为 C_t,家庭投资者有两种类型的资产可以获得,一类是无风险资产,从 t 到 t+1 期有固定收益率 $R_{f,t}$,另一类是风险资产,第 i 个风险资产从 t 到 t+1 期有收益率 $R_{f,t}$,家庭投资者在时间 t 选择消费 C_t,然后对财富进行投资,其中投资于第 i 个风险资产的比重为 $a_{i,t}$,在禀赋条件约束下,代表性家庭投资者通过消费和投资选择实现期望效用最大化。

$$\max E_t \sum_{t=0}^{\infty} \delta^i U(C_{t+i}) \qquad (4-1)$$

代表性家庭投资者的跨期预算约束为:

$$W_{t+1} = R_{P,t+1}(W_t - C_t) \qquad (4-2)$$

其中,δ 是时间贴现因子,$R_{P,t+1} = \sum_{i=1}^{m} \alpha_{i,t}(R_{i,t+1} - R_{f,t+1}) + R_{f,t+1}$ 是投资组合收益率。

(二) 模型均衡

假设风险资产收益率服从对数正态分布,经济均衡时,家庭投资者的最优消费和资产选择满足欧拉方程:

$$U'(C_t) = E_t[\delta U'(C_{t+1}) R_{i,t+1}] \qquad (4-3)$$

其中,$R_{i,t+1}$ 表示任何形式的资产收益,可以是无风险资产、风险资产或投资组合收益率。欧拉方程左边代表边际成本,由消费一单位带来的边际效用衡量,右边代表边际收益,由资产收益率与下一期消费边际效用的乘积,然后以时间贴现因子贴现到现在的期望来衡量。欧拉方程表明家庭投资者消费的边际成本等价于边际收益,如果方程的左右两边同时除以左式,那么欧拉方程变形为:

$$1 = E_t(m_{t+1}R_{i,t+1}) \quad (4-4)$$

其中,表达式 $m_{t+1} = \delta U'(C_{t+1})/U'(C_t)$ 表示随机贴现因子,它能够贴现任何资产的未来支付,从而找到资产当前的定价。对于无风险资产收益率,欧拉方程表示成 $1 = E_t[m_{t+1}R_{f,t+1}]$,通过对无风险资产和风险资产的欧拉方程相减然后变形,则有表达式:

$$0 = E_t[m_{t+1}(R_{i,t+1} - R_{f,t+1})] \quad (4-5)$$

使用期望算子和协方差,根据 $0 = E_t[m_{t+1}(R_{i,t+1} - R_{f,t+1})]$ 可以把风险资产溢价表示为:

$$E_t(R_{i,t+1}) - R_{f,t+1} = -\frac{Cov_t(m_{t+1}, R_{i,t+1} - R_{f,t+1})}{E_t(m_{t+1})} \quad (4-6)$$

上式说明资产的相对收益是由它和随机贴现因子的协方差决定的,由于随机贴现因子由消费决定,因此,资产溢价由收益率和消费共同决定。基于消费的资产定价模型把这个协方差称为消费风险。代表性家庭投资者目标是实现平滑消费和达到效用最大化,这里的边际效用仅由消费决定并且消费水平的调整没有任何成本,在这种情况下资产收益率的变化瞬间由代表性投资者的消费体现出来。根据 $1 = E_t(m_{t+1}R_{i,t+1})$,上式可以化简为:

$$E_t(R_{i,t+1}) - R_{f,t+1} = -R_{f,t+1}Cov_t(m_{t+1}, R_{i,t+1}) \quad (4-7)$$

假设家庭投资者偏好采用幂效用函数,$U(C_{t+1}) = \frac{C^{1-\gamma}}{1-\gamma}$,$\gamma$ 是风险规避系数,把随机贴现因子按照一阶泰勒公式展开,设定消费财富比率为常数,使用 Campbell(1993)标准的近似逼近方法,对预算约束进行对数线性化表示,从而最优风险资产持有比重可以表示为:

$$\alpha_{i,t} = \frac{E_t(R_{i,t+1}) - R_{f,t+1}}{R_{f,t+1} \gamma \sigma_{t+1}^2} \qquad (4-8)$$

可见,最优风险资产持有比重是风险溢价 $E_t(R_{i,t+1}) - R_{f,t+1}$、风险资产收益率的方差 σ_{t+1}^2、风险规避系数 γ 和无风险资产收益率 $R_{f,t+1}$ 的函数,资产的风险溢价越高,持有比例越高;无风险收益率、风险厌恶程度和资产的风险越高,资产的持有比例越低。

二、信息获取对家庭金融行为的影响

经验研究表明,除了家庭自身资源禀赋、外部金融基础设施状况等因素外,随着近年来现代化、信息化建设的不断推进,及时、准确、高效地获取信息日益成为影响家庭金融市场参与及资产选择行为的关键因素之一。而投资者总是需要依托一定的渠道获取金融市场参与的相关信息,帮助自身进行风险判断和金融资产投资决策。已有研究同样指出,家庭没有投资金融市场的原因之一正是由于缺乏相关信息渠道(Hong等,2004)。

根据董晓林等(2017)的理论分析,首先,信息渠道的不同决定了信息获取成本、筛选效率、信息准确度等均存在差异,进而造成家庭参与金融市场及资产选择行为的差异。个体投资者通过报刊等传统的信息渠道获取有关金融市场的信息,获取信息的渠道单一、信息搜寻成本高;信息渠道多元化程度的提高则可以促使投资者通过更多新的信息化渠道(如互联网)获取投资信息,降低了参与金融市场的信息成本,提高了获取相关信息的效率。

其次，在当前信息膨胀的宏观背景下，不同信息渠道对解决投资者有限关注问题的能力有所不同。正如赫伯特·西蒙（Herbert Alexander Simon）所指出的，"信息的丰富产生注意力的贫乏"，在信息膨胀的今天，伴随着信息的过量和超载，注意力成为稀缺资源，居民需要通过对信息进行有效筛选以提高相关信息的准确性及有效性，然而投资者的有限关注使其在不同信息渠道上分配的注意力不同（Veldkamp，2011），所以不同居民将选择不同的渠道作为其信息获取的主要方式，这也成为影响其参与金融市场及资产选择行为的重要因素。最后，城乡间信息基础设施建设水平的差异引致信息渠道的差异，也会成为城乡间家庭金融市场参与及资产选择行为差异巨大的重要原因之一。农村地区网络基础设施不完善，居民获取信息的渠道相对单一；再加上城乡居民文化程度、投资氛围、投资决策等差异，不同的信息渠道对风险资产持有的影响在城乡之间可能存在显著差异。

家庭金融的核心意义在于通过跨期的资产配置，使得家庭现金流在各个生命阶段呈现较为平稳的状态。家庭通过参与金融市场将现期的资金投入到金融市场并持有一定比例的风险资产，以此实现跨期消费，取得整个生命阶段消费效用最大化。具体来说，金融市场参与是指居民持有风险金融资产，主要包括股票、基金、金融债券、金融衍生品、金融理财品、外汇、黄金等。居民是否将资金投入到金融市场并持有风险金融资产取决于参与金融市场的成本大小，具体包括获取相关金融信息成本（如购买投资信息成本、搜索相关金融信息的时间成本）和交易成本，成本越低，家庭参与金融市场并持有风险资产的意愿越强。信息渠道是投资者获取金融市场相关信息的主要方式（包括报刊等传统信息获取方式及互联网新型信息获取方式）。由于获取不同信息渠道的成本、通过不同信息渠道筛选信息的效率及获取信息的准确度等不同，使得使用不同信息渠道获取相关金融信息的成本及相关交易成本存在差异，也就是说，信息渠道的使用通过改变投资者获取相关金融信息的成本及交易成本影响居民参与金融市场的成本，进而影响家庭整个生命阶段的消费效用大小，最终影响家庭的金融市场投资决策（董晓林等，2017）。具体机制如图4-1所示。

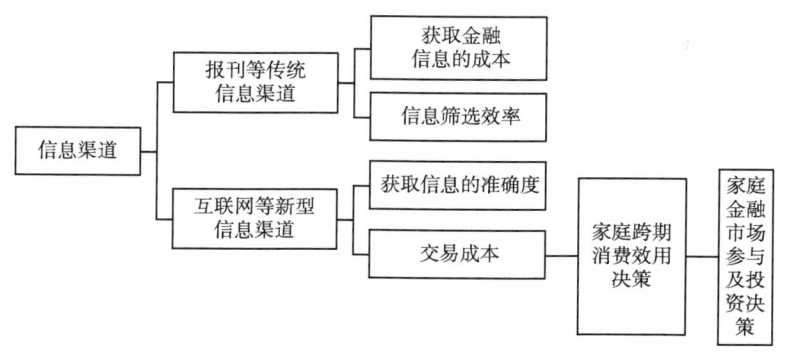

图4-1 信息渠道影响家庭金融市场投资决策机制分析

借鉴Bogan（2008）的互联网与股票市场参与的成本效用模型，该模型是在传统的消费资本资产定价模型（CCAPM）的基础上，考虑到互联网的出现对降低股票市场参与成本的可能性。董晓林等（2017）在此基础上进行拓展，将不同信息渠道的成本进一步细化并纳入模型，考察不同渠道的获取成本、信息筛选的成本与参与金融市场效用之间的内在逻辑关系，探讨信息渠道对家庭金融市场参与及资产选择行为的影响。在此对该模型进行简单介绍。

标准的CCAPM认为，在无摩擦金融市场中，消费者的跨期的期望效用函数为：

$$U(C) = \text{Max}E_t \sum_{t=0}^{T} \sigma_t U(C_t)$$

$$\text{s.t} \begin{cases} C_t = W_t + Y_t - S_t - \alpha_t X_t \\ W_{t+1} = S_t(1+R) + \alpha_t Z_t \end{cases} \quad (4-9)$$

其中，σ 是时间折现系数，C_t 是 t 时期的实际消费，Y_t 是 t 时期的劳动收入，W_t 是 t 时期的总财富，S_t 是 t 时期的实际总储蓄，α_t 是 t 时期的风险资产投资量，X_t 是金融资产价格，$1+R$ 是无风险利率，Z_t 是金融资产平均收益。考虑到市场摩擦存在，在模型中加入个人参与金融市场的成本 I_t（如信息成本和交易成本），即：

$$\begin{cases} C_t = W_t + Y_t - S_t - I_t - \alpha_t X_t \\ W_{t+1} = S_t(1+R) + \alpha_t Z_t \end{cases} \quad (4-10)$$

如果参与金融市场的成本 I_t 很大，居民无法达到期望效用，则将不会参与，即 α_t 为 0。随着信息化加深及信息渠道多样化，不同信息渠道的使用可能会不同程度地降低居民参与金融市场的成本 I_t。假设信息渠道自身成本为 I_{t1}，信息渠道的使用减少的信息成本是 I_{t2}，则通过使用信息渠道可以增加消费 $I_{t1} - I_{t2}$，即：

$$\begin{cases} C_t = W_t + Y_t - S_t - I_t + (I_{t1} - I_{t2}) - \alpha_t X_t \\ W_{t+1} = S_t(1+R) + \alpha_t Z_t \end{cases} \quad (4-11)$$

如果 $I_{t1} > I_{t2}$ 或 I_{t2} 很小的话，居民将不会选择这一渠道，这一渠道对于投资风险资产的作用也会很小。进一步地，城乡信息化程度差异及城乡居民金融认知水平等差异的存在必然导致城乡信息渠道自身成本差异及使用信息渠道获取信息的成本差异。

一般而言，接触报刊等传统信息渠道的初始门槛较低，对于城镇家庭来说，购买报纸的花费仅占家庭消费支出的极小部分且容易获得，在上班或业余时间也都可以阅读以获取信息，而且不同家庭还可以根据自身需求订阅针对性、专业性更强的报刊。因此,报刊自身成本 I_{t1} < 减少的信息成本 I_{t2},报刊渠道的使用应该能够促进城镇居民参与金融市场及进行风险资产配置。而对于农村居民而言,由于文化程度普遍不高,多以阅读故事会、农业技术为主,阅读报刊获取经济类信息的时间成本会较高,所以报刊的 I_{t2} 较小,报刊渠道的使用对于农村居民参与金融市场及进行风险资产配置的促进作用可能不显著。对于新型信息渠道如互联网而言,虽然 I_{t1}(包括网络费用等)较大,但是由于其信息传输速度快,能够大大降低居民家庭搜索相关金融信息的时间成本,同时也能够降低参与金融市场的交易成本,所以互联网自身成本 $I_{t1} \ll$ 减少的信息成本 I_{t2},互联网的使用能够促进居民参与金融市场及风险资产配置。因此,报刊等传统信息渠道及互联网等新型信息渠道都能够显著促进城镇家庭金融市场参与及进行资产选择;但相比于城镇家庭而言,互联网等新型信息渠道更能显著提高农村家庭的金融市场参与度及风险资产持有比例。

三、金融素养对家庭金融行为的影响

关于金融素养对家庭参与金融市场的影响,Spataro(2013)构建了一个内生化的金融素养与储蓄、投资决策模型。

设想一个由两个时期的个人组成的经济体:第一个时期,他们选择要获得多少人力资本,根据后者,他们获得的收入是部分消费和部分储蓄的;第二个时期,他们消费他们所储蓄的。

在这个基本结构中,模型添加了三个特征:(1)储蓄可以投资于保险箱,也可以投资于风险资产(或两者兼有);(2)为了投资于风险资产,有必要获得成本高昂的金融素养;(3)这种素养成本是机会成本(由为获得必要的知识而损失的时间计算),但所需的时间份额在人力资本和教育水平上正在下降。第

（2）点和第（3）点反映了这样一个事实，即对风险资产的投资需要了解股票背后的机制，还需要努力跟踪资产的表现。由此可见，要获得所需的金融知识，必须浪费一段时间，我们的假设是，从普通教育中获得的知识有效地减少了所需的时间。

因此，在模型中，教育尤为重要，在任何程度上，花费在教育上的时间有三个作用：（1）增加人力资本，从而提高工资率；（2）减少工作时间；（3）减少获得所需财务知识所需的时间。

至于投资决策，在模型中，个人不仅要选择储蓄多少，而且还要决定是否投资于金融素养，从而区分他们的储蓄在两种资产（即参与股票市场）之间，或不投资于金融素养，从而只储蓄通过安全资产。假设风险资产提供更高的回报，尽管它们具有更高的波动性。在任何程度上，金融知识的获得都可以被视为一项投资，允许金融投资组合的多样化。

（一）基本模型

1. 终身效用

个人生活两个阶段（代表工作生活和退休），其终身效用为：

$$U = -e^{-ac_1} - \beta e^{-ac_2} \qquad (4-12)$$

其中，c_1 和 c_2 分别是第一阶段和第二阶段的消费量，a 是绝对风险规避系数，β 测量时间偏好。模型还考虑了风险系数 a 与收入之间的逆关系，这与观察到的证据一致。

2. 人力资本

在工作生活中，个人可以将部分时间用于教育，以获得人力资本 h。假设每个人都有一个时间单位，人力资本生产函数为：

$$h = \theta^{\frac{1}{x}} \qquad (4-13)$$

其中，表示投入教育的时间（或时间份额），x 表示教育在创造人力资本方面的有效性。假设 x > 1，这样人力资本生产的回报率就会下降。

3. 收入

每个时间单位 w 的收入取决于通过教育获得的人力资本数量和比例系数 k > 1。单位时间的收入额为：

$$w = kh \tag{4-14}$$

4. 工作寿命收入

工作寿命收入 W 是单位时间 w 的收入与工作时间（即不用于教育的时间）的乘积：

$$W = kh(1-\theta) \tag{4-15}$$

根据式（4-13），上述内容也可以写成

$$W = kh(1-h^x) \tag{4-16}$$

需注意，工作寿命收入 W 是 x 和 k 的一个递增函数，相对于 h 具有倒 U 形。

5. 风险规避

为了使模型更现实，还考虑了风险规避和收入之间的反向关系，因此我们假设：

$$a = k^{-\alpha} \tag{4-17}$$

其中，α > 0 是风险规避相对于收入的弹性[①]。鉴于上述函数，假设只有收入的外生成分（即参数 k）影响风险规避。做出后一种假设是为了保证人力资本和教育不会直接影响风险规避，并避免个人在确定其最佳人力资本投资时，也会选择自己的风险规避。

考虑到式（4-17），收入增加意味着在其他条件相同的情

---

① Makarov 和 Schornick（2010）首先提出了这种处理收入减少风险规避的方法，并有助于解释经验发现，较富有的个人偏好风险较高的资产（见 Vissing Jorgensen 2002）。

况下，风险规避的减少。该参数 α 还决定了相对风险规避对收入的行为：相对风险规避对 $0<\alpha<1$ 递增，对 $\alpha=1$ 不变，对 $\alpha>1$ 递减。

6. 可选择资产

个人可以通过两种可能的资产进行储蓄。收益率为 S 的安全资产和收益率正态分布的风险资产，其平均收益为 r，方差为 σ^2。为了投资于风险资产，必须获得一定程度的金融知识，支付一定的成本。我们用 S 表示投资于安全资产的金额，用 R 表示投资于风险资产的金额。

7. 金融素养成本

金融素养成本是指获得必要知识投资风险资产所需的时间。它们是一种机会成本，因为它们代表了获得这种素养所需的时间。然而，这种时间的长短与个人的人力资本（以及教育）成反比，尤其是：

$$c(h) = 1 - h^{1-z} \qquad (4-18)$$

其中，参数 $0<z<1$ 是衡量人力资本（和教育）在促进获得金融知识方面的有效性的指标。我们的观点是，不同的教育领域与金融知识技能有不同程度的互补性，人力资本与金融教育的这种密切程度是由参数 z 所捕获的。在我们的模型描述中，我们假设 z 一般小于 1；这个参数等于 1 的情况是一种特殊情况，我们将分别处理。

最后，考虑到每个人都有一个时间单位，$c(h)$ 还表示获得素养所花费的时间份额，根据等式（4-18），获得金融素养所支付的实际成本为 $w \cdot c(h)$。

(二) 最优选择

每个人都面临着在工作生活中获得多少人力资本和节省多少的决定（这也决定了第一和第二阶段的消费）。此外，个人必须选择是否获得金融素养。基本上，在第一种情况下，每个个体必须选择 h、S 和 R 的最佳数量，而在第二种情况下，只选择 h 和 S。这些最优金额决定了两种不同的间接预期效用，每种投资策略一个。通过比较这两种间接效用，个人将选择是否投资于金融知识，并相应地选择最佳的教育和储蓄金额。根据惯例，假设当两个间接效用相等时，个人不投资于金融知识。此处先描述个人选择不获取金融知识的情况，然后转到另一个情况。最终展示两种情况下人力资本、消费和储蓄的最佳选择以及由此产生的间接预期效用。

1. 仅投资安全资产

如果一个人不具备金融知识，那么就不必支付素养成本，但储蓄将是仅投资于安全资产。个人预算约束意味着

$$c_1 = W - S = kh(1 - h^x) - S \tag{4-19}$$

和

$$c_2 = S(1 + s) \tag{4-20}$$

给定上述消费方程，个体最大化期望效用，最大化问题是

$$\max_{h,s} -e^{-a[kh(1-h^x)-S]} - \beta e^{-a[S(1+s)]} \tag{4-21}$$

上述解决方案将展示选择不投资金融素养的个人的间接预期效用。特别是，最优解意味着

$$h^* = \left(\frac{1}{1+x}\right)^{\frac{1}{x}} \tag{4-22}$$

和

$$S^* = \left\{kh^x[1-(h^x)^x] + \frac{\log\beta(1+s)}{a}\right\}\frac{1}{2+s} \tag{4-23}$$

其中 h^* 和 S^* 是人力资本和储蓄的最佳水平。

上述方程也意味着以下最佳终身收入 W^*

$$W^* = kh^*(1 - h^*) = k\left(\frac{x}{1+x}\right)\left(\frac{1}{1+x}\right)^{\frac{1}{x}} \tag{4-24}$$

最后，这种情况下的间接效用是

$$EU^* = -\left(\frac{2+s}{1+s}\right)e^{-a\left(\frac{1}{2+s}\right)(1+s)W^* - \frac{\log(1+s)}{a}} \quad (4-25)$$

2. 同时投资安全和风险资产

具备金融知识的个人可以将储蓄投资于安全和风险资产。然而，个人需要支付获得这种素养的费用。考虑到存在这种成本，预算限制意味着

$$c_1 = W - c(h)w - S - R = kh(-h^x + h^{1-z}) - S - R \quad (4-26)$$

和

$$c_2 \sim NS(1+s) + R(1+r), R^2\sigma^2 \quad (4-27)$$

其中 c_2 是一个随机变量（实际上，r 是一个随机变量）。

考虑到以上的消费方程，个体所面临的最大化问题（对于预期效用 EU_R 而言）变成了

$$\max_{h,S,R} -e^{-a[kh(-h^x+h^{1-z})-S-R]} - \beta e^{-a\left[S(1+s)+R(1+r)-\frac{a\sigma^2 R^2}{2}\right]} \quad (4-28)$$

上述解决方案将展示个人选择投资金融知识（并参与股票市场）时获得间接预期效用，特别指出，最优解决方案意味着

$$h_F^* = k\left(\frac{x-1+z}{2-z}\right)\left(\frac{2-z}{1+x}\right)^{\left(\frac{1+x}{x-1+z}\right)} \quad (4-29)$$

其中是个人决定获得所需金融知识时的最佳人力资本量。事实上，考虑到人力资本也有助于降低金融素养成本，选择获得金融素养的个人也会发现获得更多教育的便利。以上还产生了以下终身净收入（即扣除金融素养成本后的终身净收入）。

$$W_F^* = k\left(\frac{x-1+z}{2-z}\right)\left(\frac{2-z}{1+x}\right)^{\left(\frac{1+x}{x-1+z}\right)} \quad (4-30)$$

此外，最优解还意味着：

$$R_F^* = \frac{r-s}{a\sigma^2} \quad (4-31)$$

和

$$S_F^* = \left[W_F^* + \frac{\log\beta(1+s)}{a} - \left(2 + \frac{r+s}{2}\right)\frac{r-s}{a\sigma^2} \right]\left(\frac{1}{2+s}\right) \quad (4-32)$$

其中和分别是安全和风险投资的最佳金额。在这种情况下，间接效用是

$$EU_F^* = -\frac{2+s}{1+s} e^{-a\left[(1+s)W_F^* - \frac{\log\beta(1+s)}{a} + \frac{(r-s)^2}{2a\sigma^2}\right]\left(\frac{1}{2+s}\right)} \quad (4-33)$$

（三）金融素养的获取及对股票市场的参与

上文中，模型得出了人力资本、消费和储蓄的最佳水平以及由此产生的间接预期效用。当间接效用高于替代策略中获得的效用时，个人选择获得金融素养并投资于股票市场。就模型而言，这种情况发生在 $EU_F^* > EU^*$，也就是说，给定方程（4-25）和（4-32），用于

$$-\left(\frac{2+s}{1+s}\right) e^{-a\left[(1+s)W_F^* - \frac{\log\beta(1+s)}{a} + \frac{(r-s)^2}{2a\sigma^2}\right]\left(\frac{1}{2+s}\right)} >$$

$$-\left(\frac{2+s}{1+s}\right) e^{-a\left(\frac{1}{2+s}\right)\left[(1+s)W^* - \frac{\log\beta(1+s)}{a}\right]} \quad (4-34)$$

这意味着

$$W^* - W_F^* < \frac{1}{1+s}\frac{(r-s)^2}{2a\sigma^2} \quad (4-35)$$

利用式（4-20），并插入式（4-20），给出的最佳终身收入值。根据式（4-25）和式（4-31）可得：

$$\left(\frac{x}{1+x}\right)\left(\frac{1}{1+x}\right)^{\frac{1}{x}} - \left(\frac{x-1+z}{2-z}\right)\left(\frac{2-z}{1+x}\right)^{\frac{1+x}{x-1+z}} < \frac{1}{k^{1-\alpha}}\left[\frac{1}{1+s}\frac{(r-s)^2}{2\sigma^2}\right]$$

$$(4-36)$$

上述等式决定了个人是否具备金融知识，同样也决定了他们是否投资于股票市场。

式（4-36）的左侧在所有相关参数值的 x 和 z 中都在减少

（对于 z=1，LHS 始终为零）；因此，教育在创造人力资本或降低金融素养成本方面更有效的个人，更有可能获得金融素养并参与股票市场。

方程式的右边是风险溢价（r-s）增加，风险规避程度（实际上，RHS 在 α 增加），风险资产回报和安全资产回报的方差减少，这意味着当超额回报时，个人更有可能获得金融素养。当风险资产的波动性较低且风险规避较低时，风险资产的风险较高。基本上，这些结果告诉我们，当风险资产更具吸引力时，个人会更方便地投资于金融素养。

由于后者影响风险规避和获得素养的机会成本，因此，金融素养投入还取决于收入。然而，这些影响仅仅是基于收入的构成 k。总影响的符号取决于：对于 α<1，构成 k 对 RHS 有负面影响，对于 α>1，它有正面影响，对于 α=1，它没有影响。因此，对于给定的教育水平，高收入个人获得金融素养的可能性或多或少取决于风险规避对收入弹性的价值。

四、信任对家庭金融行为的影响

关于信任程度对家庭投资行为的影响，张海洋等（2019）构建了一个家庭跨期决策模型，此处对此加以介绍。

考虑家庭在两个时期（t=1，2）的跨期金融决策问题。假设家庭的效用函数为 CES 效用函数，即 $u(c_1,c_2)=(c_1\rho+c_2\rho)1/\rho$，其中 $0<\rho<1$，c_1 表示第 1 期的消费，c_2 表示第 2 期的消费。家庭在 t=1 时有收入 y，在 t=2 时没有收入，因此需要在两个时期平滑消费。其中第 1 期储蓄 $s=y-c_1$，以换取第 2 期的消费 $c_2=r(y-c_1)$，其中 r 是市场利率，r>1。第 2 期的实际消费有一定的不确定性：如果交易对手没有违约，第 2 期消费量为 $r(y-c_1)$；如果交易对手违约，则第 2 期消费量为 0。因此可以认为信任度是家庭关于交易对手能够信守承诺去执行金融合约的信念。相应地，家庭的收益率为：

$$R = \begin{cases} rq \\ 1-q \end{cases}, 0 \leq q \leq 1 \qquad (4-37)$$

即实际收益率 R 以 q 的概率为 r，以 $1-q$ 的概率为 0。面对这样的不确定性，家庭的目标是最大化期望效用，所以有如下优化问题：

$$\max_{0 \leq c_1 \leq y} (q\{c_1^\rho + [r(y-c_1)]^\rho\}^{\frac{1}{\rho}} + (1-q)c_1) \qquad (4-38)$$

此处关注的是信任程度，即家庭认为交易对手能够信守承诺的预期 q 如何影响家庭在第 1 期，即收入较高时期的消费和投资行为。如果 $q=1$，那么目标函数是普通的 CES 效用函数，家庭第 1 期消费量为

$$c_1 = \frac{r^{\frac{\rho}{\rho-1}} y}{1 + r^{\frac{\rho}{\rho-1}}} \qquad (4-39)$$

对应的投资量为 $s = \frac{y}{1 + r^{\frac{\rho}{\rho-1}}}$；如果 $q=0$，那么目标函数变为 c_1，家庭消费的商品 c_1 的数量 $c_1 = y$，投资量为 $s=0$。如果 $q \in (0,1)$，通过目标函数的一阶条件可以算出 q 值。

$$q = \frac{1}{1 - [c_1^\rho + (y-c_1)^\rho r^\rho]^{\frac{1}{\rho-1}} [c_1^{\rho-1} - r^\rho (y-c_1)^{\rho-1}]} \qquad (4-40)$$

目标是分析 q 变化后 c_1 如何改变，即计算出 $\frac{\alpha c_1}{\alpha q}$，但从式（4-41）可以看出这样直接计算异常复杂。但是，可以先计算出 $\frac{\alpha q}{\alpha c_1}$ 并分析其符号，从而得到 $\frac{\alpha c_1}{\alpha q}$ 的符号。不难发现：

$$\frac{\alpha q}{\alpha c_1} = \frac{-(1-\rho)[c_1^\rho + (y-c_1)^\rho r^\rho]^{\frac{1}{\rho}-2} y^2 r^\rho (y-c_1)^{\rho-2} c_1^{\rho-2}}{\{1 - [c_1^\rho + (y-c_1)^\rho r^\rho]^{\frac{1}{\rho-1}} [c_1^{\rho-1} - r^\rho (y-c_1)^{\rho-1}]\}^2} \leq 0$$

(4-41)

式 (4-41) 意味着 $\frac{\alpha c_1}{\alpha q} \leq 0$，即信任程度与第 1 期消费量之间呈现出单调递减关系——家庭对社会其他成员的信任程度增加，会降低家庭在第 1 期（收入较高的时期）的消费。由于储蓄 $s = y - c_1$，所以家庭的储蓄量（即各类投资的数量）会随着信任程度的增加而增加。因此，家庭对社会的信任程度会正向影响家庭参与投资活动的程度。

第五章

金融消费者保护对家庭金融行为的影响

一、金融消费者保护的内容与框架

理论上,金融消费者保护主要包括适当性管理、信息披露、金融教育、金融产品监管及纠纷解决机制等主要内容。其中,适当性管理旨在确保金融中介机构所提供的金融产品或服务与客户的财务状况、投资目标、风险承受水平、知识和经验相契合。关于信息披露及其监管的最新研究表明,由于金融产品日趋复杂以及消费者的有限注意力偏差,信息披露如果不能突出关键信息并增强信息的可比性与易读性,则过多的信息反而更易误导消费者。可见,如何根据本国消费者及金融产品实际情况,进行有效的信息披露监管,是消费者权益保护的一个关键环节。在居民金融素养与金融教育领域,由于我国居民金融素养普遍较低,尤其是风险认知及投资理念方面最为薄弱,因此,在探讨金融教育对家庭金融行为作用机理的基础上,实施具有针对性的金融教育措施,是矫正消费者非理性金融行为的重要举措。此外,作为交易之后的补充性保护措施,金融消费者纠纷解决机制在降低投资者维权成本、增强其对金融市场及机构信心方面具有不可替代的重要作用。

对应于上文中的适当性管理、信息披露、金融教育、金融监管及金融纠纷解决机制等内容,实践中体现为对消费者公平交易权、知情权、获取知识权和依法求偿权等权益的保护。下面以近年来飞速发展的互联网金融消费为例,对这些权益保护内容加以介绍。

(一)适当性保护

根据国际清算银行 国际证监会组织、国际保险监管协会2008年联合发布的《金融产品和服务零售领域的客户适当性》给出的定义,适当性是指"金融中介机构所提供的金融产品或服务与客户的财务状况、投资目标、风险承受水平、财务需求、知识和经验之间的契合程度"。根据以上定义,适当性指的是金融中介机构在销售金融产品或提供金融服务过程中应当遵守的标准和规定,适当性定义的内涵包括金融中介机构应当了解其所提供的金融产品和服务,了解客户的财务状况、投资目标、风险承受水平、财务需求、知识和经验等,核心是中介机构应当评估所提供的金融产品或服务与客户之间的契合程度。总之,适当性要求金融中介机构了解产品、了解客户,并将适当的产品提供给适当的客户(赵芸,2018)。

(二)信息披露监管

信息披露监管是指,金融消费者在进行金融交易时,要求金融机构向其全面、准确、及时地告知相关信息。由于金融交易的特殊性，消费者信息不完全风险更甚，而金融机构通过夸大收益、回避风险等误导性宣传诱使消费者交易的情况非常普遍，对金融机构进行信息披露监管、保护消费者知情权就显得尤为重要。随着互联网金融的快速发展，许多国家近年来强化了金融机构的信息披露义务并禁止其对消费者不当劝诱。其中，信息披露义务重点是针对P2P网贷、股权众筹和第三方支付（王艳丽等，2017）。如美国对P2P网贷和股权众筹直接按证券业务进行监管，要求其履行与上市公司相同的信息披露义务；欧盟的《支付服务指令》明确规定了对第三方支付机构的信息披露义务，要求支付服务机构应提供纸质或其他耐用介质的信息和条件，并具体披露包括支付执行时间、同意执行支付交易和撤回该同意的方式和程序、收费、利息、汇率等在内的详细信息。

信息披露监管的落脚点是保护金融消费者的知情权，让消费者知晓所购买的金融产品和所享受的金融服务，明白可能要承担的风险，清楚其金融行为可能导致的后果，通俗、准确、全面地向消费者披露可能会影响其消费决策的信息，充分提示风险，对夸大产品收益、掩饰产品风险、套取个人信息等不法行为，依法严打并追究法律责任（刘燕、王晓明，2018）。

（三）金融教育

为了保障金融消费者的受教育权，金融监管部门、金融机构和金融消费者权益保护组织有责任和义务积极推行金融知识普及活动，推动金融知识普及教育纳入国民教育体系，帮助消费者提高对金融产品或服务的认知能力及自我保护能力，提升消费者金融素养、契约精神、风险意识和信用意识（刘燕、王晓明，2018）。

（四）金融纠纷解决机制

与普通的民事纠纷相比，金融纠纷具有内容的专业性、目标的明确性等特点，传统的解决途径对此应对不足。同时由于信息不对称、认知偏差、"羊群效应"等原因，金融消费者在金融纠纷中往往处于劣势地位，为了加强对金融消费者的保护，多元的、通畅的、便捷的纠纷解决机制必不可少。对此，许多国家都有一套完备的金融消费纠纷解决机制和配套的法律责任制度（李慈强，2016）。除了一般的公力救济渠道以外，很多国家还有自己独特的金融消费纠纷解决机制，如日本的金融 ADR 制度（法庭外解决纠纷制度）、英国的 FOS（申诉专员服务公司）消费纠纷解决机制等。

二、金融消费者保护对家庭金融行为影响的实证分析

本部分结合前文理论分析，通过微观数据实证考察风险态度、金融教育与金融知识等主要因素对家庭金融行为的影响。由于近年来银行理财已成为家庭资产配置的重要组成部分，因此，本部分除考虑家庭参与股市等传统问题外，着重探讨家庭购买银行理财产品问题。

（一）风险态度与家庭银行理财产品购买

由于银行理财是在我国金融市场转型特定时期演化出来的特殊资管产品，因此国外关于家庭资产配置行为的文献，较少涉及银行理财产品，更多是针对居民参与股票等风险资产投资行为及其影响因素的研究。经典资产组合理论认为理性人在一般情况下，应该依据自身风险偏好将财富按照一定的比例分配于各类风险资产，即风险态度是决定其投资行为差异的唯一重要因素（Markowitz，1952；Merton，1969）。对于风险偏好的影响，Guiso 等（2008）、Guiso 和 Paiella（2008）、Nataliya（2012）分别使用美国、荷兰、意大利及德国家庭投资数据的实证研究表明，居民风险态度确实影响其投资行为产生重要因素，风险偏好程度

越高，其参与风险性金融市场的可能性也越高。李涛（2009）使用北京奥尔多投资咨询中心2007年关于城市投资者行为的调查数据，考察了居民风险态度对其投资股票等风险资产的影响，发现风险态度的作用并不显著，这种与经典理论相背离的现象可能源于社会互动程度的差异。魏丽萍等（2018）以互联网金融投资者为样本，探讨了风险容忍、风险感知等因素对投资决策的影响，结果显示风险容忍对消费者互联网金融投资的正向影响并不明显，并从风险感知等角度对此进行了解释。除了风险偏好这一因素，学者们还分别从家庭财富与收入、房产持有、健康状况等经济、风险等角度，以及金融素养、年龄结构、教育程度等人口特征角度对家庭参与股市等投资行为进行了分析（Clark，2015；尹志超，2014）。

针对我国银行理财问题，多数研究从宏观经济及金融体制角度展开，如影子银行的形成机制、银行理财对银行业风险承担及系统性金融风险的影响等（段福印、李方，2012；项后军、闫玉，2017；昌忠泽、曹沁，2018），但从微观投资行为视角进行分析的文献较为少见。徐锐钊（2009）针对部分银行理财客户购买行为的影响因素进行了实证检验，表明风险偏好与理财购买之间呈现显著的负相关；李玮（2015）运用南京地区的问卷调查数据，区分了保本型理财与非保本理财的购买行为差异，研究显示居民风险厌恶程度越高，越倾向于购买保本型理财产品，而对于非保本产品则恰恰相反。王俊花（2017）使用针对青岛市民的问卷调查数据，考察了居民风险态度及对理财产品信任程度在购买行为中所起的作用。王宗润、刘尔思（2019）探讨了家庭对银行结构化理财产品购买意愿的影响因素，发现风险厌恶具有反向作用，但是这种作用会因产品复杂程度及认知偏差的影响而减弱。

从上述文献梳理可以看出，风险态度是影响居民参与金融市场的重要因素。作为影子银行的重要内容，我国商业银行理财产品产生并发展于经济、金融转型的特殊时期，其"信息披露不充分""刚性兑付"等特点，使其既不同于传统储蓄，又不同于公募基金、股票等标准化金融风险资产，其产品复杂性及风险性应介于储蓄与证券之间。对于这种特殊产品的投资选择，风险态度的影响可能会呈现出较为复杂的非线性特征。一方面，相对于银行储蓄，理财产品在理论上存在一定风险，因此，对于风险规避型家庭，随着风险偏好在一定范围内的提高，其有可能将部分存款替换为理财产品；另一方面，对于风险寻求型家庭，风险偏好的进一步提升将促使其投资更多的股票、基金等真正的风险性资产，从而减少银行理财产品的配置。

基于以上分析，本书提出一个假设：风险偏好程度与家庭银行理财产品购买之间存在倒 U 形关系。为考察这种关系是否成立，本章将利用 2013 年中国家庭金融调查微观数据（CHFS）对其进行实证检验。

1. 模型设定

本章使用 Probit 模型分析风险态度对家庭购买银行理财的影响，然后用 Tobit 模型分析风险态度对家庭购买理财金额占金融资产比重的影响。为风险态度与理财购买之间的非线性关系，本章借鉴 Caliendo 等（2008）的方法，在模型中引入风险态度的平方项。其中 Probit 模型为：

$$Y = 1(\alpha Riskatt + \beta Riskatt^2 + X\gamma + \mu > 0) \quad (5-1)$$

其中，$\mu \sim N(0, \sigma^2)$；Y 等于 1 表示家庭购买银行理财产品，等于 0 表示没有购买；Riskatt 表示风险态度；X 是控制变量，包括家庭特征变量和地区控制变量。由于银行理财产品占金融资产的比重是截断的，因此，本章进一步使用 Tobit 模型：

$$y^* = 1\left[\alpha \text{Riskatt} + \beta \text{Riskatt}^2 + X\gamma + \mu, Y = \max(0, y^*)\right] \quad (5-2)$$

其中，Y 表示家庭购买银行理财产品占金融资产的比重，y^* 表示银行理财产品占金融资产比重在（0，1）之间的观测值；Riskatt 与 X 同前。

2. 数据来源

本章的数据来自西南财经大学中国家庭金融调查与研究中心（CHFS）2013 年调查数据，该调查采用与人口规模成比例的、三阶段分层等科学抽样方法，为研究者提供高质量的中国家庭金融微观数据，数据具有较强代表性。2013 年的调查数据样本覆盖全国 29 个省份 262 个县 1048 个社区（村），共获得了 28000 多户家庭的人口特征、资产负债、投资与保险等多方面的详细信息，其中，在金融资产模块，调查详细统计了家庭购买银行理财的金额、渠道等问题，为本章的实证分析提供了必要的数据支持。

3. 家庭参与银行理财市场情况

调查问卷询问了居民购买银行理财产品的情况，包括是否购买、持有金额、购买渠道及未购买原因等多个方面。表 5-1 显示了家庭参与银行理财市场的基本情况，从中可以看出，截至调查时间，我国家庭对银行理财市场整体参与率为 2.38%，其中城市参与率为 4.62%，远高于农村的 0.33%。在参与的家庭中，平均购买金额为 13.37 万元。

表 5-1　　　　　　家庭参与银行理财市场情况

地区	购买银行理财（户）	购买数额均值（万元）	未购买银行理财（户）	总计（户）	参与率
城镇	537	13.51	11611	12148	4.62%
农村	42	11.54	12776	12818	0.33%
总计	579	13.37	24387	24966	2.38%

4. 风险态度与其他控制变量

本章以风险偏好水平来衡量风险态度，风险偏好及其平方项作为主要解释变量。问卷中衡量相关的问题是询问受访者愿意选择哪种投资项目，按照选项，本章将选择"不愿意承担任何风险""高风险、高回报"的赋值为1，以此类推，选择"高风险、高回报"的赋值为5，显然，数值越大，表明受访者风险偏好程度越高。

对于控制变量，参考已有文献，本章选取的变量有：家庭金融知识水平、家庭总收入、家庭金融资产、是否拥有自有住房、是否从事个体工商业等家庭经济特征变量，以及户主年龄及受教育年限、性别、婚姻、健康、居住地是否在农村等家庭人口特征变量。

金融知识水平对于家庭投资行为产生重要影响。2013年中国家庭金融调查问卷中包含了关于利率计算、通货膨胀理解以及投资风险认知3个问题，用以考察受访者的客观金融知识水平。参照尹志超（2014）等的做法，本章使用评分加总法来构建指标，即用受访者正确回答问题的数量来衡量金融知识水平。同时，本章引入金融知识水平的平方项，进一步考察金融知识水平与理财购买行为之间的非线性关系。

家庭财富的增长会促进其购买理财产品。为衡量家庭财富，本章引入家庭金融资产与总收入的对数作为控制变量。此外，根据家庭是否拥有住房及个体工商业，也设定为虚拟变量，拥有为1，否则为0。

既有文献表明，家庭人口特征会影响居民资产配置行为，因此，本章控制了户主年龄及其平方、受教育年限、性别、婚姻、健康状况、是否居住在农村。其中，根据问卷中户主文化程度的选项，按照全日制教育赋予不同学历相应的教育年限，如学历为高中,则教育年限为 12;健康状况选项中,回答"非常好"或"很好"的赋值为 1,否则为 0;性别中,男性为 1,女性为 0;婚姻状况中,已婚为 1,未婚为 0;是否居住农村中,是为 1,否为 0。

在数据处理上,我们根据家庭金融资产及收入值上下 1% 进行"缩尾"处理,并剔除相关控制变量存在缺失值的样本,最终保留样本 25275 户。

5. 描述统计

表 5-2 给出了各变量的描述性统计结果,从中可以看出,家庭参与银行理财产品的比率及银行理财占金融资产的比率均较低,分别为 2.3% 和 0.9%。风险态度均值为 1.94,表明受访家庭的平均风险规避程度较高。

表 5-2　　　　　　变量描述性统计

变量名称	观测值	均值	标准差	最小值	最大值
是否购买理财产品	25275	0.023	0.151	0	1
银行理财比金融资产	25275	0.009	0.071	0	1
风险偏好	25275	1.940	1.205	1	5
金融知识	25275	0.608	0.751	0	3
金融资产	25275	5.588	20.341	0	635.0
总收入(万元)	25275	5.958	7.416	0	47.0
户主年龄	25275	51.297	14.311	17	113
受教育年限	25275	9.512	4.231	0	22
性别	25275	0.752	0.432	0	1
婚姻	25275	0.863	0.343	0	1
健康	25275	0.828	0.378	0	1
自有住房	25275	0.805	0.396	0	1
个体工商业	25275	0.137	0.343	0	1
农村	25275	0.512	0.500	0	1

6. 内生性

内生性问题一般由两类原因造成，一是解释变量与被解释变量互为因果关系，二是遗漏重要变量。对于互为因果问题，理论上，相对于投资行为而言，家庭的风险态度具有外生性，即家庭的风险偏好较少受到银行理财购买行为的影响；对于遗漏变量问题，由于本章解释变量的选择参考了既有经典文献，已包含了家庭个体特征（年龄、婚姻、金融知识、教育程度等）、经济特征（收入、金融资产、住房等）及背景风险（健康、是否个体工商业）等变量，即已控制住风险态度以外的主要因素，且使用全国范围大样本微观调查数据，可较大程度消除一些不可观测因素的影响，尽可能地减弱内生性的影响，以期能更准确地估计风险态度对银行理财购买行为的影响。

7. 基础模型结果

表5-3为风险态度对参与银行理财情况影响的估计结果，其中第（1）（3）列使用 Probit 模型对家庭是否购买银行理财产品进行估计；第（2）（4）列使用 Tobit 模型对参与银行理财程度进行估计。

表5-3　风险态度对家庭参与银行理财市场的影响

解释变量	(1) 是否购买理财产品 Probit	(2) 银行理财占金融资产比重 Tobit	(3) 是否购买理财产品 Probit	(4) 银行理财占金融资产比重 Tobit
风险偏好	0.056*** (0.020)	0.039** (0.018)	0.538*** (0.086)	0.385*** (0.075)
风险偏好平方			-0.089*** (0.016)	-0.064*** (0.014)

续表

解释变量	（1）是否购买理财产品 Probit	（2）银行理财占金融资产比重 Tobit	（3）是否购买理财产品 Probit	（4）银行理财占金融资产比重 Tobit
金融知识	0.290*** (0.076)	0.288*** (0.068)	0.264*** (0.077)	0.266*** (0.068)
金融知识平方	-0.080*** (0.029)	-0.088*** (0.026)	-0.073** (0.029)	-0.081*** (0.026)
ln 总收入	0.082*** (0.025)	0.070*** (0.024)	0.078*** (0.026)	0.065*** (0.024)
ln 金融资产	0.333*** (0.016)	0.342*** (0.021)	0.334*** (0.016)	0.341*** (0.021)
户主年龄	0.036*** (0.011)	0.010 (0.009)	0.037*** (0.011)	0.010 (0.009)
户主年龄平方	-0.0003*** (0.0001)	-0.00006 (0.00009)	-0.0003*** (0.0001)	-0.00006 (0.00009)
受教育年限	0.043*** (0.008)	0.019*** (0.007)	0.040*** (0.008)	0.016** (0.007)
性别	-0.241*** (0.048)	-0.185*** (0.043)	-0.236*** (0.049)	-0.180*** (0.042)
婚姻	0.150* (0.081)	0.093 (0.070)	0.140* (0.081)	0.086 (0.069)
健康状况	-0.002 (0.087)	0.017 (0.078)	-0.023 (0.087)	0.003 (0.078)
自有住房	-0.151*** (0.057)	-0.118** (0.050)	-0.161*** (0.057)	-0.124** (0.050)

续表

解释变量	(1) 是否购买理财产品 Probit	(2) 银行理财占金融资产比重 Tobit	(3) 是否购买理财产品 Probit	(4) 银行理财占金融资产比重 Tobit
个体工商业	-0.135** (0.066)	-0.154*** (0.058)	-0.137** (0.066)	-0.153*** (0.058)
农村	-0.442*** (0.075)	-0.400*** (0.070)	-0.447*** (0.075)	-0.401*** (0.070)
截距项	-7.894*** (0.402)	-6.687*** (0.434)	-8.349*** (0.412)	-6.941*** (0.442)
样本数	25275	25275	25275	25275
Pseudo R^2	0.339	0.360	0.346	0.365

注：括号内表示标准差，***、**、*分别表示在1%、5%和10%水平显著。

对于家庭是否购买银行理财产品，第（1）列的结果显示，风险偏好一次项系数为正，且在1%水平上显著，第（3）列显示，引入风险偏好二次项后，二次项系数为-0.089，且在1%水平上显著，表明风险偏好与家庭是否购买银行理财之间存在显著的倒U形关系。对于银行理财占金融资产的比重，第（2）列中风险偏好的系数为0.039，且在5%水平上显著，第（4）列显示风险偏好二次项系数为-0.064，且在1%水平上显著，表明风险偏好与理财购买程度之间同样存在倒U形关系。以上结果表明，风险偏好是影响家庭购买银行理财产品的重要因素，在风险偏好较低阶段，随着偏好程度的提高，居民购买理财的可能性以及比重都会有所提高，但随着风险偏好的进一步提高，其参与概率及购买比重反而有所下降。这种现象意味着银行理财产品购买行为对家庭风险偏好是敏感的，即虽然理财产品存在一定程度的刚性兑付，但居民仍然视其为风险资产，另一方面，由于产品风险及收益较低，因此，当家庭有着更高的风险偏好时，可能会选择股票、基金等高风险资产，从而减少银行理财产品购买。

从表5-3中还可以看出，家庭收入、金融资产、自有住房、是否经营个体工商等经济特征变量及受教育年限、性别、是否农村等人口特征变量，对于银行理财的购买同样具有显著影响。其中，家庭收入、金融资产水平、受教育年限与银行理财购买存在正向关系，可见家庭财富水平的增长及受教育水平的提高，有利于居民投资银行理财。户主是否男性、是否拥有住房、是否经营个体工商及是否农村，与银行理财购买之间显著负相关，说明户主为女性的家庭更倾向于购买银行理财，拥有住房可能会对投资理财产品产生一定的挤出效应，而相对于城市家庭，农村家庭更不倾向于选择银行理财。此外，家庭拥有个体工商业对理财购买具有负向影响，这可能是因为个体工商业的闲置资金较少且对流动性有较高要求，而银行理财较差的流动性无法满足这一需求。

值得关注的还有金融知识因素，第（1）（2）（3）（4）列的回归结果显示，金融知识水平与银行理财购买之间也存在倒U形关系，即在金融知识水平较低阶段，金融知识的增加有利于家庭对银行理财产品的购买，但当金融知识达到一定程度之后，进一步的提升反而抑制了家庭的购买行为。这一现象背后的原因可能在于，在金融知识从无到有的阶段，家庭金融资产会由单一的银行储蓄部分替换为理财产品，随着对金融市场的进一步了解，家庭有可能增加其他更复杂的金融产品并减少理财产品配置。

8. 稳健性检验

为检验上述回归结果的稳健性，我们使用家庭购买银行理财产品的金额作为市场参与的代理变量，表5-4显示了回归结果，从中可以看出，风险偏好及其二次项同样具有重要影响，其中二次项的系数为-0.086，且在1%水平上显著，表明风险偏好与理财购买之间的倒 U 形关系比较稳健。

表 5-4　风险态度对银行理财市场参与影响
（银行理财购买额）

	银行理财购买数额	银行理财购买数额
风险偏好	0.059*** (0.022)	0.530*** (0.094)
风险偏好的平方		-0.086*** (0.017)
截距项	-8.659*** (0.454)	-9.093*** (0.463)
样本数	25275	25275
Pseudo R²	0.384	0.389

注：括号内表示标准差，***、**、*分别表示在1%、5%和10%水平显著。其余控制变量与上文一致，限于篇幅问题未做汇报。

为了进一步考察这种关系的稳健性，考虑到受访者中存在从事金融行业的人员，由于信息、知识与渠道优势，更容易参与银行理财，可能会对回归结果的可靠性造成影响，为克服这一问题，本章剔除了家庭中有金融从业人员的样本，并对剩余样本进行回归。结果如表 5-5 所示，无论是对是否购买，还是配置比例，风险偏好平方项系数均为负值，且均在1%水平上通过显著性检验。可见，本章估计结果是稳健的。

表 5-5　风险态度对银行理财影响（剔除金融从业家庭）

	是否购买理财产品		银行理财占金融资产比重	
风险偏好	0.052** (0.020)	0.557*** (0.088)	0.036** (0.018)	0.404*** (0.078)
风险偏好平方		-0.094*** (0.016)		-0.068*** (0.014)

续表

	是否购买理财产品		银行理财占金融资产比重	
截距项	-8.809*** (0.419)	-8.564*** (0.429)	-7.059*** (0.466)	-7.322*** (0.474)
样本数	24947	24947	24947	24947
Pseudo R^2	0.339	0.346	0.364	0.369

注：括号内表示标准差，***、**、* 分别表示在1%、5%和10%水平显著。其余控制变量与上文一致，限于篇幅问题未做汇报。

9. 结论

经过十多年的发展，银行理财产品已成为家庭资产配置的重要工具，且对金融市场的影响越来越大。尤其是在当前我国着力推进资管市场转型的背景下，如何从微观投资者角度理清其对银行理财产品的购买行为机制，对有效打破刚性兑付、实现市场平稳过渡具有重要现实意义。本章运用2013年中国家庭金融调查数据（CHFS），实证分析了风险态度及其他因素对家庭参与银行理财市场的影响。结果表明，投资者风险态度对其银行理财购买行为具有显著影响，风险偏好与家庭是否购买及购买程度之间均存在显著的倒U形关系，即在风险偏好较低阶段，银行理财市场参与随着风险偏好的提高而提高，但当风险偏好达到较高阶段后，银行理财市场参与可能性及配置比率均会有所下降。这说明尽管存在刚性兑付，但投资者仍然将银行理财视为风险资产，并根据自身风险偏好进行均衡配置。除此之外，实证结果还发现金融知识与理财购买之间同样存在显著的倒U形关系，这说明随着金融知识水平的提升，投资者一开始会加大银行理财购买比重，但在金融知识水平更高阶段，家庭可能会扩大金融资产配置范围，从而降低银行理财投资比重。同时，投资者受教育年限的增加及收入的增长，均会提高居民参与银行理财市场的比重，而自营商业及自有住房则会对理财购买产生"挤出"效应。为了考察回归结果的稳健性，本章使用理财购买数额、剔除样本中金融从业家庭两种方法进行了稳健性检验，结果仍然支持上述结论。

本章关于居民风险态度、金融知识等变量与银行理财购买之间关系的结论，具有一定的政策启示。当前银行理财产品转型的本质是打破持续已久的刚性兑付，使其成为真正的风险性金融资产，并最终实现银行资管市场"卖者尽责、买者自担"的良性发展。从本章的实证结果看，家庭对理财的风险是敏感的，而随着今后理财产品风险的进一步暴露，这种敏感性会更加强烈。这就意味着对于金融监管机构及商业银行而言，要实现平稳转型，就需要在大力进行投资者教育的同时，切实加强投资者适当性管理，准确评估居民的风险偏好及风险承受能力，为众多的居民家庭提供更多的差异化产品及精准服务，减少由于产品转型而产生的市场波动及金融与社会风险。

（二）金融知识与家庭银行理财产品购买

从前文文献梳理可以看出，金融知识可以从多个方面影响家庭的金融市场参与行为。一方面，金融知识的提高有利于降低居民的信息搜集与处理成本，扩大其金融产品选择范围，从而提高其金融市场，尤其是风险性金融资产的参与度，这种效应已在多数文献中得以证实；另一方面，金融知识水平高的家庭，容易避免过度自信等认知偏差，更倾向于根据自身风险偏好做出理性的、分散的资产配置，避免集中投资于股票等高风险资产，从而一定程度上降低高风险金融市场参与率。作为影子银行的重要内容，我国商业银行理财产品产生并发展于经济、金融转型的特殊时期，其"信息披露不充分""刚性兑付"等特点，使其既不同于传统储蓄，又不同于公募基金、股票等标准化金融风险资产，其产品复杂性及风险性应介于储蓄与证券之间。对于这种特殊产品的投资选择,金融知识同样可能会产生两种影响。首先,在家庭金融知识水平极低阶段,居民对储蓄存款之外的其他金融产品缺乏了解,因此较少购买,随着金融知识的提高,将增加对理财产品的购买;但随着金融知识水平的进一步提高,投资者将会接触到股票、基金等更加丰富的金融产品,并在增加这些产品配置的同时,减少银行理财产品的购买。因此,本章提出一个假设,即金融知识与家庭银行理财产品之间存在倒 U 形关系。为考察这种关系是否成立,本章将利用 2013 年中国家庭金融调查微观数据(CHFS)对其进行实证检验。

1. 模型设定

本章用 Probit 模型分析金融知识对家庭金融市场参与的影响,然后用 Tobit 模型分析金融知识对家庭风险资产占金融资产比重的影响。Probit 模型为:

$$Y = 1(\alpha Financial\_Literacy + \beta Financial\_Literacy^2 + X\gamma + \mu > 0) \quad (5-3)$$

其中,$\mu \sim N(0, \sigma^2)$;Y 等于 1 表示家庭购买银行理财产品,等于 0 表示没有购买;Financial_Literacy 表示金融知识;X 是控制变量,包括家庭特征变量和地区控制变量。由于风险资产占金融资产的比重是截断的,因此,本章进一步使用 Tobit 模型:

$$y^* = 1[\alpha Financial\_Literacy + \beta Financial\_Literacy^2 + X\gamma + \mu, Y = \max(0, y^*)] \quad (5-4)$$

其中,Y 表示家庭购买银行理财产品占金融资产的比重,y^* 表示银行理财产品占金融资产比重在 (0,1) 之间的观测值;Financial_Literacy 与 X 同前。

2. 数据来源

本章的数据来自西南财经大学中国家庭金融(CHFS)2013

年调查数据,该调查采用与人口规模成比例的、三阶段分层等科学抽样方法,为研究者提供高质量的中国家庭金融微观数据,数据具有较强代表性。2013 年的调查数据样本覆盖全国 29 个省份262 个县 1048 个社区(村),共获得了 28000 多户家庭的人口特征、资产负债、投资与保险等多方面的详细信息,其中,在金融资产模块,调查详细统计了家庭购买银行理财的金额、渠道等问题,为本章的实证分析提供了必要的数据支持。

3. 家庭参与银行理财市场情况

2013 年中国家庭金融调查询问了家庭购买银行理财产品的情况,包括是否购买、持有金额、未购买原因、购买渠道等多个方面。表 5-6 显示了家庭参与银行理财市场的基本情况,从中可以看出,截至调查完成,我国家庭对银行理财市场整体参与率为 2.38%,其中城市参与率为 4.62%,远高于农村的 0.33%。在参与的家庭中,平均购买金额为 13.37 万元。

表 5-6　　　　　家庭参与银行理财市场情况

地区	购买银行理财(户)	购买数额均值(万元)	未购买银行理财(户)	总计(户)	参与率
城镇	537	13.51	11611	12148	4.62%
农村	42	11.54	12776	12818	0.33%
总计	579	13.37	24387	24966	2.38%

针对未购买银行理财的家庭,问卷进一步询问了相关原因,各原因占比分布如图 5-1 所示。其中,因"资金有限"而未购买的家庭数占比为 44.51%,因"没有相关知识"而未购买的家庭占比为 37.61%,"没有听说过"的占比 23.5%,后两者合计占比 68.01%,表明家庭对银行理财产品相关的金融知识欠缺,是其未购买的主要原因之一。

第五章 金融消费者保护对家庭金融行为的影响

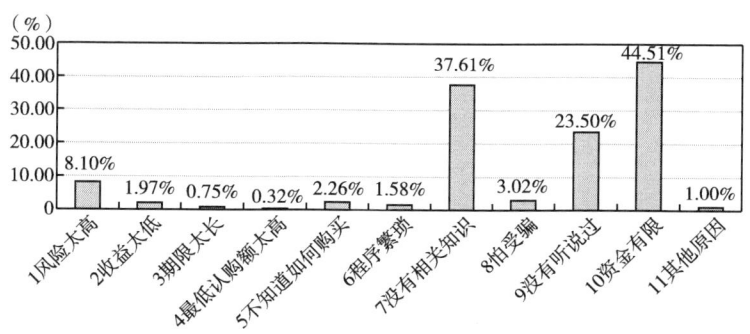

图 5-1 未购买银行理财原因

注：CHFS问卷中关于未购买原因的问题为多选题，因此，各子项百分比相加大于1。

4. 金融知识水平

2013年中国家庭金融调查问卷中包含了关于利率计算、通货膨胀理解以及投资风险认知3个问题，用以考察受访者的客观金融知识水平。

表5-7为各问题回答情况的描述性统计，表5-8为对各问题回答正确、错误及不知道情况分布，从中可以看出，我国居民对各问题回答正确的比率较低，3个问题全部回答正确的仅占1.7%，即便对于银行利率计算这样简单的问题，回答正确率也仅为15.1%，可见我国家庭整体金融知识缺乏严重。

表5-7　　　　金融知识问题回答情况描述统计

	正确	错误	不知道/算不出来
利率计算	15.1%	34.6%	50.3%
通货膨胀理解	15.8%	42.2%	42.0%
投资风险识别	30.0%	9.8%	60.2%

表 5 – 8　　　　金融知识相关问题回答选项的分布

	0	1	2	3	平均数量
正确	54.2%	33.1%	11.0%	1.7%	0.61
错误	43.4%	30.5%	22.8%	3.3%	0.87
不知道/算不出来	26.4%	24.3%	18.4%	30.9%	1.53

为衡量金融知识水平，本章使用两种方法构建金融知识指标。一是因子分析法，参照 Rooij 等（2011）、尹志超等（2014）、吴雨等（2017）的做法，对受访者每个问题的回答，本章认为回答错误与回答不出（或不知道）所代表的知识水平不同，因此，分别构建两个哑变量，接着采用迭代主因子法对 3 个问题的 6 个哑变量进行因子分析（如表 5 – 9 所示），KMO 检验结果显示该样本可以做因子分析（结果见表 5 – 10），按照 Eigenvalue 原则，将大于等于 1 的因子保留，该因子即为金融知识。根据表 5 – 7 中的结果，运用 Bartlett（1937）的方法，可得出金融知识指标，后文将此方法下的金融知识称为"金融知识（因子分析法）"，表 5 – 11 列出了该指标的描述性统计结果。

表 5 – 9　　　　　　　　因子分析结果

因子	Eigenvalue	Proportion	Cumulative
Factor1	2.14739	0.8329	0.8329
Factor2	0.75166	0.2915	1.1245
Factor3	0.17447	0.0677	1.1921
Factor4	-0.10666	-0.0414	1.1508
Factor5	-0.14901	-0.0578	1.0930
Factor6	-0.23966	-0.0930	1.0000

第五章 金融消费者保护对家庭金融行为的影响

表 5-10　因子分析 KMO 检验结果及各因子载荷

	KMO 检验结果	因子载荷
利率计算是否正确	0.6903	0.3354
能否理解利率问题	0.6857	0.6468
通货膨胀计算是否正确	0.6744	0.2770
能否理解通货膨胀问题	0.6909	0.6390
投资风险识别是否正确	0.5859	0.7293
能否理解投资风险问题	0.5999	0.7743
全样本	0.6401	

表 5-11　金融知识（因子分析）描述统计

	样本量	均值	最小值	最大值	标准差
金融知识（因子分析）	24966	0.058	-1.007	1.73	0.923

第二种金融知识指标构建方法是评分加总法，即用受访者正确回答问题的数量来衡量金融知识水平。按此方法衡量的家庭金融知识水平如表 5-8 所示，三个问题全部回答错误的家庭占比为 54.2%，全部正确的占比为 1.7%，每个家庭平均回答正确的问题是 0.61 个。

5. 其他控制变量

参考现有文献，本章选取的控制变量有：家庭金融资产、总收入、社会养老保险及医疗保险、是否从事个体工商业、是否拥有自有住房等家庭经济特征变量，户主年龄及受教育年限、风险态度、性别、婚姻、宗教、健康、居住地是否在农村等家庭人口特征变量。

家庭财富的增长会促进其购买理财产品。为衡量家庭财富，本章引入家庭金融资产与总收入的对数作为控制变量。同时，为控制社会保障水平的影响，文中构造社会医疗保险和养老保险两个虚拟变量,若家庭中有成员购买则赋值为1,否则为0。此外,根据家庭是否拥有住房及个体工商业,也设定为虚拟变量,拥有为1,否则为0。

既有文献表明,家庭人口特征会影响居民资产配置行为,因此,本章控制了户主年龄及其平方、受教育年限、性别、婚姻、宗教信仰、健康状况、是否居住在农村。其中,根据问卷中户主文化程度的选项,按照全日制教育赋予不同学历相应的教育年限,如学历为高中,则教育年限为12;健康状况选项中,回答"非常好"或"很好"的赋值为1,否则为0;性别中,男性为1,女性为0;婚姻状况中,已婚为1,未婚为0;宗教信仰中,有宗教信仰为1,否则为0;是否居住农村中,是为1,否为0。

风险态度是影响居民投资行为的重要因素,按照经典理论,风险偏好性越强,则风险性资产配置比例越高。银行理财产品相对于储蓄存款而言,具有一定风险性,但相对于股票等高风险资产,又属于安全性较高的资产,因此,本章在控制变量中引入风险态度及其平方项。问卷中衡量风险态度的问题是询问受访者愿意选择哪种投资项目,按照选项,本章将选择"高风险、高回报"的赋值为1,以此类推,选择"不愿意承担任何风险"的赋值为5,显然,数值越大,表明受访者风险规避程度越高。

在数据处理上,我们根据家庭收入及金融资产值上下1%进行"缩尾"处理,并剔除相关控制变量存在缺失值的样本,最终保留样本24966户。

6. 描述统计

表5-12给出了各变量的描述性统计结果,从中可以看出,家庭参与银行理财产品的比率及银行理财占金融资产的比率均较低,分别为2.2%和2.8%,因子分析法所得的金融知识水平均值为0.058,最大值为1.730,最小值为-1.007,说明不同家庭

之间差异较大。风险态度均值为 4.059,表明受访家庭的平均风险规避程度较高。

表 5-12　　　　　　　变量的描述性统计

变量名称	观测值	均值	标准差	最小值	最大值
是否购买理财产品	24966	0.023	0.151	0	1
银行理财占金融资产比重	24966	0.009	0.071	0	1
金融知识(因子分析)	24966	0.058	0.923	-1.007	1.730
金融知识(评分加总)	24966	0.612	0.753	0	3
金融资产	24966	5.591	20.398	0	635.0
总收入(万元)	24966	5.955	7.418	0	47.0
风险态度	24966	4.059	1.206	1	5
户主年龄	24966	51.290	14.322	17	113
受教育年限	24966	9.510	4.235	0	22
性别	24966	0.752	0.432	0	1
婚姻	24966	0.863	0.344	0	1
健康	24966	0.828	0.377	0	1
自有住房	24966	0.805	0.396	0	1
个体工商业	24966	0.136	0.343	0	1
农村	24966	0.513	0.500	0	1

7. 基础模型结果

表 5-13 为金融知识对参与银行理财情况影响的估计结果,其中第 (1)(2)(5)(6) 列中的金融知识衡量指标分别采用因子分析法和得分加总法构建,并使用 Probit 模型对家庭是否购买银行理财产品进行估计;第 (3)(4)(7)(8) 列分别为使用因子分析法和得分加总法构建金融知识指标,并根据 Tobit 模型参与银行理财程度进行估计。

表 5-13　金融知识对家庭参与银行理财市场的影响

解释变量	(1)	(2)	(3)	(4)	(5)	(6)	(7)	(8)
	金融知识（因子分析）				金融知识（得分加总）			
	是否购买理财产品		银行理财占金融资产比重		是否购买理财产品		银行理财占金融资产比重	
	Probit	Probit	Tobit	Tobit	Probit	Probit	Tobit	Tobit
金融知识（因子分析）	0.197*** (0.033)	0.259*** (0.054)	0.150*** (0.030)	0.201*** (0.048)	0.090*** (0.028)	0.270*** (0.077)		
金融知识（因子分析）平方		-0.062 (0.041)		-0.051 (0.036)		-0.074** (0.029)		
金融知识（得分加总）							0.070*** (0.025)	0.275*** (0.069)
金融知识（得分加总）平方								-0.084*** (0.026)
风险态度	-0.043** (0.020)	-0.043** (0.020)	-0.029 (0.018)	-0.029 (0.018)	-0.054*** (0.020)	-0.055*** (0.020)	-0.038** (0.018)	-0.038** (0.018)
ln 总收入	0.073*** (0.026)	0.073*** (0.026)	0.063*** (0.024)	0.063*** (0.024)	0.078*** (0.025)	0.079*** (0.026)	0.067*** (0.024)	0.068** (0.024)
ln 金融资产	0.331*** (0.016)	0.331*** (0.016)	0.337*** (0.021)	0.337*** (0.021)	0.336*** (0.016)	0.336*** (0.016)	0.343*** (0.021)	0.342*** (0.021)
户主年龄	0.035*** (0.011)	0.035*** (0.011)	0.010 (0.009)	0.010 (0.009)	0.037*** (0.011)	0.037*** (0.011)	0.012 (0.009)	0.012 (0.009)
户主年龄平方	-0.0003*** (0.0001)	-0.0003*** (0.0001)	-0.00006 (0.00009)	-0.00006 (0.00009)	-0.0003*** (0.0001)	-0.0003*** (0.0001)	-0.00009 (0.00009)	-0.00008 (0.00009)
受教育年限	0.037*** (0.008)	0.036*** (0.008)	0.015** (0.007)	0.015** (0.007)	0.043*** (0.008)	0.042*** (0.008)	0.019*** (0.007)	0.019*** (0.007)
性别	-0.243*** (0.049)	-0.243*** (0.049)	-0.186*** (0.043)	-0.185*** (0.043)	-0.249*** (0.049)	-0.247*** (0.049)	-0.190*** (0.043)	-0.188*** (0.043)

续表

解释变量	(1)	(2)	(3)	(4)	(5)	(6)	(7)	(8)
	金融知识（因子分析）				金融知识（得分加总）			
	是否购买理财产品		银行理财占金融资产比重		是否购买理财产品		银行理财占金融资产比重	
	Probit	Probit	Tobit	Tobit	Probit	Probit	Tobit	Tobit
婚姻	0.145* (0.081)	0.145* (0.081)	0.090 (0.070)	0.089 (0.070)	0.144* (0.081)	0.143* (0.081)	0.087 (0.070)	0.086 (0.070)
健康状况	-0.008 (0.089)	-0.009 (0.089)	0.006 (0.079)	0.007 (0.079)	0.005 (0.088)	0.007 (0.089)	0.018 (0.079)	0.021 (0.079)
自有住房	-0.152*** (0.057)	-0.152*** (0.057)	-0.119** (0.050)	-0.118** (0.050)	-0.159*** (0.057)	-0.158*** (0.057)	-0.124** (0.050)	-0.122** (0.050)
个体工商业	-0.130** (0.066)	-0.130** (0.066)	-0.145** (0.058)	-0.145** (0.058)	-0.129** (0.066)	-0.133** (0.066)	-0.146** (0.058)	-0.152*** (0.058)
农村	-0.407*** (0.076)	-0.404*** (0.076)	-0.375*** (0.071)	-0.372*** (0.071)	-0.444*** (0.075)	-0.437*** (0.075)	-0.403*** (0.070)	-0.395*** (0.070)
截距项	-7.385*** (0.414)	-7.354*** (0.415)	-6.266*** (0.435)	-6.245*** (0.435)	-7.502*** (0.411)	-7.560*** (0.412)	-6.398*** (0.437)	-6.461*** (0.439)
样本数	24966	24966	24966	24966	24966	24966	24966	24966
Wald chi2	1889.41	1891.75	1829.90	1831.96	1862.92	1869.42	1810.93	1821.77
Pseudo R^2	0.344	0.344	0.362	0.362	0.339	0.340	0.358	0.360

注：括号内表示标准差，***、**、*分别表示在1%、5%和10%水平显著。

对于家庭是否购买银行理财产品，第（1）和第（5）列显示，金融知识一次项系数为正，且均在1%水平上显著，说明金融知识水平的提高，有利于家庭投资银行理财。第（6）列表明，使用得分加总法衡量的金融知识平方项，与购买决策之间负相关，系数为-0.074，且在5%水平上显著，表明两者之间存在倒U形关系，但是，在第（2）列中，根据因子分析得出的金融知识平方项,与家庭是否购买之间的关系并不显著。对于银行理财占金融资产比重,第(8)列显示,得分加总法下的金融知识平方项系数为 -0.084,且在 1% 水平上通过显著性检验,而第(4)列表明,因子分析法下的金融知识平方项同样不显著。综合来看,无论是家庭是否购买,还是购买比重,金融知识与购买行为之间的倒 U 形关系,在两种不同指标构建法下,出现了不一致的情况。对此,后文将通过内生性与稳健性检验,进一步考察这种倒 U 形关系是否存在。

从表 5-13 中还可以看出,家庭收入、金融资产、自有住房、是否经营个体工商等经济特征变量,及受教育年限、性别、是否农村等人口特征变量,对于银行理财的购买同样具有显著影响。其中,家庭收入、金融资产水平、受教育年限与银行理财购买存在正向关系,可见家庭财富水平的增长及受教育水平的提高,有利于居民投资银行理财。户主是否男性、是否拥有住房、是否经营个体工商及是否农村,与银行理财购买之间显著负相关,说明户主为女性的家庭更倾向于购买银行理财,拥有住房可能会对投资理财产品产生一定的挤出效应,而相对于城市家庭,农村家庭更不倾向于选择银行理财。此外,家庭拥有个体工商业对理财购买具有负向影响,这可能是因为个体工商业的闲置资金较少且对流动性有较高要求,而银行理财较差的流动性无法满足这一需求。

值得关注的是风险态度因素,第(1)(2)(5)(6)(7)(8)列的回归结果均显示,风险厌恶程度与银行理财购买之间显著负相关,表明家庭总体上将理财产品视为一种风险资产,风险厌恶程度越高,越不愿意投资理财产品。而第(3)(4)列显示,使用因子分析法衡量的金融知识,与银行理财占比之间并无显著负相关关系,可见,理财产品的购买比例与风险态度之间的线性关系并不稳健,这一问题有待进一步探讨。

8. 内生性问题

上述实证分析尚未考虑金融知识可能存在的内生性问题。一方面，金融知识与银行理财投资之间可能存在反向因果关系，居民可能因为咨询、购买理财产品而获得更多金融知识，或增强其对金融知识的关注度，即金融知识水平会受到银行理财购买行为的影响；另一方面，金融知识与理财产品购买可能会同时受到某些外生变量的影响，例如，社会信任程度、文化习俗等不易观测因素。为克服金融知识可能存在的内生性所带来的估计偏误，本章使用工具变量法进行处理，借鉴尹志超（2014）的做法，选用受访者父母的最高教育水平作为金融知识的工具变量。首先，个人对金融知识的了解会受到父母教育水平的影响，因此两者是相关的；其次，个人购买银行理财等投资行为不会影响到父母的学历水平，即父母学历相对于受访者的投资行为是外生的，因此，将其作为工具变量是合适的。

表5-14为引入工具变量后，使用两阶段最小二乘法（2SLS）进行估计所得的回归结果，表中底部为对金融知识内生性的DWH检验结果，均在1%水平上拒绝了不存在内生性的假设，表明金融知识确实存在内生性。按照Stock和Yogo（2005）的研究，在F值大于10%偏误水平下的临界值为16.38，表5-14中一阶段估计的F值均大于16.38，表明所选工具变量不存在弱工具变量问题。从回归结果可以看出，无论是使用因子分析法，还是得分加总法，金融知识的平方项对是否购买银行理财以及配置比重的影响系数始终为负，且均在5%水平以上显著，可见，基于两阶段的估计结果表明，金融知识水平与银行理财产品购买行为之间存在倒U形关系。即在金融知识水平较低阶段，随着金融知识的增加，家庭购买银行理财的概率及配置比重也随之增加；但当金融知识到达一定程度之后，金融知识的进一步增加，反而降低了

家庭的购买概率与配置比重。整体上，金融知识水平的提高，对家庭配置银行理财起到先促进、后抑制的作用。这一结果实质上与现有文献并不矛盾，尹志超等（2014）将银行理财归入金融风险资产，发现金融知识与家庭风险资产配置之间存在正向关系，可见，相对于银行储蓄等无风险资产，金融知识增加将促进银行理财购买，但相对于股票等高风险资产，银行理财仍然属于安全资产，随着家庭金融知识的进一步提升，其增加高风险资产配置的可能性增大，从而压缩银行理财投资比重。

表 5-14　金融知识对购买银行理财产品的影响
（工具变量回归：父母中最高的教育水平）

	（1）是否购买理财产品				（2）银行理财占金融资产			
金融知识（因子分析）	1.204 *** (0.355)	1.599 *** (0.481)			0.946 *** (0.304)	1.264 *** (0.412)		
金融知识（因子分析）平方		-0.647 *** (0.213)				-0.515 *** (0.182)		
金融知识（得分加总）			1.700 *** (0.577)	6.416 *** (2.463)			1.343 *** (0.493)	5.075 ** (2.069)
金融知识（得分加总）平方				-2.572 ** (1.001)				-2.035 ** (0.841)
截距项	-7.328 *** (0.418)	-6.622 *** (0.492)	-8.331 *** (0.520)	-8.860 *** (0.691)	-6.210 *** (0.435)	-5.654 *** (0.479)	-7.040 *** (0.523)	-7.464 *** (0.650)
样本数	24966	24966	24966	24966	24966	24966	24966	24966
一阶段估计 F 值	1053.00	1588.98	400.84	10737.18	1053.00	1588.98	400.84	10737.18
R-squared	0.354	0.471	0.173	0.858	0.354	0.471	0.173	0.858
工具变量 t 值	10.58	8.77	7.29	4.55	10.58	8.77	7.29	4.55

续表

	(1) 是否购买理财产品				(2) 银行理财占金融资产			
DWH外生性检验 χ^2	8.76	8.75	9.15	8.93	7.40	7.43	7.64	7.31
P值	0.003	0.003	0.003	0.003	0.007	0.007	0.006	0.007

注：括号内表示标准差，***、**、* 分别表示在1%、5%和10%水平显著。其余控制变量与上文一致。

9. 稳健性检验

为检验上述回归结果的稳健性，参照我们使用问卷中受访者对经济金融信息的关注度作为金融知识的衡量指标，将问题答案中的"从不关注"到"非常关注"依次赋值为1—5，数值越大表明关注度越高，相应地金融知识也越丰富。表5-15显示了回归结果，从中可以看出，受访者对经济、金融信息关注度的一次项，对是否购买理财产品存在1%水平上的正向影响，但其平方项与其是否购买银行理财之间的负向关系未通过显著性检验。更为重要的是，信息关注度平方项，与银行理财占金融资产比重的系数为-0.025，且在10%水平上显著，表明两者之间的倒U形关系比较稳健。

表5-15　　　金融知识对银行理财市场参与影响

（对经济、金融信息的关注度）

	(1)	(2)	(3)	(4)
	是否购买理财产品		银行理财占金融资产比重	
对经济、金融信息的关注度	0.057*** (0.022)	0.151* (0.091)	0.039** (0.019)	0.184** (0.081)
经济关注度平方		-0.017 (0.015)		-0.025* (0.014)

续表

	（1）	（2）	（3）	（4）
	是否购买理财产品		银行理财占金融资产比重	
截距项	-6.927*** (0.461)	-7.654*** (0.423)	-6.457*** (0.439)	-6.612*** (0.451)
样本数	24966	24966	24966	24966
Pseudo R^2	0.354	0.338	0.358	0.358

注：括号内表示标准差，***、**、*分别表示在1%、5%和10%水平显著。其余控制变量与上文一致。

为了进一步考察这种关系的稳健性，考虑到受访者中存在从事金融行业的人员，由于信息、知识与渠道优势，更容易参与银行理财，可能会对回归结果的可靠性造成影响，为克服这一问题，本章剔除了家庭中有金融从业人员的样本，并对剩余样本进行回归。结果如表5-16所示，无论是对是否购买，还是配置比例，金融知识平方项系数均为负值，且均通过显著性建议。可见，本章估计结果是稳健的。

表5-16 金融知识对银行理财市场参与影响
（剔除金融从业家庭）

	（1） 是否购买理财产品	（2） 银行理财占金融资产比重
金融知识 （因子分析）	0.281*** (0.055)	0.217*** (0.050)
金融知识 （因子分析）平方	-0.074* (0.042)	-0.061* (0.038)
金融知识 （得分加总）	0.284*** (0.079)	0.288*** (0.072)
金融知识 （得分加总）平方	-0.078*** (0.031)	-0.090*** (0.028)

续表

	(1)是否购买理财产品		(2)银行理财占金融资产比重	
截距项	-7.552*** (0.432)	-7.782*** (0.429)	-6.604*** (0.465)	-6.852*** (0.471)
样本数	24641	24641	24641	24641
Pseudo R^2	0.344	0.340	0.366	0.364

注：括号内表示标准差，***、**、*分别表示在1%、5%和10%水平显著。其余控制变量与上文一致。

10. 结论与政策含义

经过十多年的发展，银行理财产品已经成为我国家庭资产配置的重要工具，然而，在当前银行理财业务转型的关键时期，从投资者角度厘清其购买行为的影响因素，对市场的平稳转型具有重要现实意义。本章使用2013年中国家庭金融调查数据（CHFS），实证检验了金融知识及其他传统解释因素对家庭购买银行理财产品的影响。结果显示，金融知识与购买可能性之间存在显著的线性正向关系，即金融知识水平的提高，有利于增加家庭购买银行理财的概率；而对于参与程度，金融知识与家庭银行理财占金融资产比重之间均存在显著的倒U形关系，即在金融知识水平较低区域，金融知识的提高将促进居民购买理财产品，但当金融知识水平达到一定程度之后，其进一步的提升反而降低了参与居民银行理财市场的程度。此外，实证结果还显示，家庭收入与财富的增长、教育年限的提高均会促进居民参与理财市场，而自有住房、自营工商业则会对家庭购买理财产品产生"挤出"效应。为解决金融知识的内生性问题，本章进一步使用两阶段工具变量法进行回归，结果进一步支持了上述结论。

本章关于金融知识与居民参与银行理财市场之间关系的结论，给当前政策制定者及商业银行提供了一定启示。银行理财产品的转型方向是打破刚性兑付并实现产品由预期收益型向净值型转变，对投资者而言，这一过程将使其面临安全资产向真正的风险资产转型的选择，在"风险自担"的同时，需要对净值型产品背后的底部资产、风险构成等信息进行有效的甄别判断，也即需要更多相关的金融知识。而根据本章的结论，当居民金融知识水平达到较高水平之后，其原有作为相对安全资产的银行理财比重才会下降；反之，如果金融知识水平既定，产品风险性质的转变必将引致居民对银行理财市场的被动退出，从而无法实现平稳转型。可见，采取切实有效的措施，加强居民金融教育、普及金融风险与投资知识，是保证银行理财乃至整个资管市场顺利转型的重要条件。

（三）金融教育与家庭股市参与

现有关于金融素养、金融教育对家庭投资行为的影响，正在朝着两个方向深入开展。一是进一步完善以消费者最优决策为基础的理论模型，通过融入更多变量使得模型具有更强的现实解释力；二是针对不同人群及其面临的环境特征进行分组实证研究，以更加细致地考察金融教育的异质性效应。本书认为，上述两个研究方向并不矛盾，实证研究所发现的异质性效应恰恰为消费者最优决策模型提供了支持。由于个体面临的背景约束及成本收益函数不同，最优行为决策使其对金融教育的需求及教育效果存在差异，即金融教育的本质功能并非简单、线性地导致消费者行为发生单向变化，而是协助其根据自身情况做出最优选择。就股票市场参与这一行为而言，金融教育能够通过降低信息搜集成本及提高认知能力等渠道促进居民进入股市，这本身也是其扩大其资产配置范围的一种体现。随着金融教育及金融素养水平的进一步提升,金融资产选择范围及组合品种进一步得到拓展,股票配置比重则可能会有所下降。在这一过程中,无论是否参与股市,以及股票资产占比如何变化,都是居民根据自身认知水平做出的最优决策,显然,金融教育及认知水平越高,其决策越接近标准金融模型(Merton,1969)的理论预测,即风险态度对投资行为的影响越大。根据这一思路,本章提出以下三个假设。

假设1:金融教育投入的增加,有助于提高居民参与股市的概率。

假设2:金融教育投入与居民股票资产占金融资产的比重之间存在倒U形关系,即金融教育对居民直接投资股票行为的影响,呈现先促进后抑制的效应。

假设3:相对于未接受金融教育的居民,接受金融教育居民的风险态度对其股市参与行为影响更大。

1. 模型设定

本章用 Probit 模型分析金融教育对家庭股票市场参与的影响,然后用 Tobit 模型分析金融教育对家庭股票购买占金融资产比重的影响。Probit 模型为

$$Y = 1(\alpha Financial\_Edu + X\gamma + \mu > 0)$$
$$Y = 1(\alpha Financial\_Edu + \beta Financial\_Edu^2 + X\gamma + \mu > 0)$$

(5-5)

其中,$\mu \sim N(0, \sigma^2)$;Y 等于 1 表示家庭参与股市,等于 0 表示没有参与;Financial_Edu 表示金融教育;X 是控制变量,包括家庭特征变量和地区控制变量。由于股票资产占金融资产的比重是截断的,因此,本章进一步使用 Tobit 模型:

$$y^* = 1[\alpha Financial\_Edu + X\gamma + \mu, Y = \max(0, y^*)]$$
$$y^* = 1[\alpha Financial\_Edu + \beta Financial\_Edu^2 + X\gamma + \mu,$$
$$Y = \max(0, y^*)]$$

(5-6)

其中，Y 表示家庭股票资产占金融资产的比重，y^* 表示股票资产占金融资产比重在（0，1）之间的观测值；Financial_Edu 与 X 同前。

同时，为考察不同金融教育水平人群的风险态度对家庭参与股市的影响，设定 Probit 模型为

$$Y = 1(\alpha Riskatt + X\gamma + \mu > 0) \tag{5-7}$$

其中，$\mu \sim N(0, \sigma^2)$；Y 等于 1 表示家庭参与股市，等于 0 表示没有参与；Riskatt 表示风险态度；X 是控制变量，包括除风险态度之外的其他与式中相同的家庭特征变量和地区控制变量。

2. 数据来源及变量

本章采用 2012 年清华大学中国金融研究中心在全国范围内开展的城市居民家庭消费金融调研数据。样本覆盖中国东部（上海、北京、广州、沈阳、泉州、济南、海口）、中部（南昌、吉林、安庆、徐州、朔州、株洲、武汉、洛阳）和西部（乌鲁木齐、伊春、包头、昆明、桂林、白银、西安、重庆）等 24 个城市，覆盖了经济发达、较发达和发展水平一般等情况，具有较好的代表性。调研内容涉及 25 岁以上人口的家庭基本信息、家庭金融教育、家庭经济状况、家庭金融行为、金融消费者保护、金融知识、消费习惯和生活态度，共计 7 个部分。样本数据包括 24 个城市的 3122 个家庭 9690 人，其中东部地区 1180 户，中部地区 992 户，西部地区 950 户。

（1）被解释变量。本章主要关注居民金融教育对其金融市场参与的影响。由于股票是金融市场主要的风险资产之一，参照李涛（2009）、尹志超（2014）等的做法，选取居民参与股市作为投资风险资产的代理变量，在本章使用的样本中有 58.9% 的居民持有股票，以 0—1 变量表示居民是否参与股票

市场，记作 stock，如果居民现在持有股票，那么就取 1，否则取 0。①

（2）核心解释变量。金融教育是本章关注的核心解释变量。问卷中涉及金融教育的内容既有关于受访者的知识结构也有受访者对金融教育的主观态度和金融知识获取途径等问题。关于金融教育较为直接的选项有两个，一是在金融教育方面的资金投入，二是在金融教育方面的时间投入。其中，在资金投入方面，问卷询问了家庭金融教育投入资金占月收入的比重，选项依次从"没有投入"到"大于15%"五个层次，本章根据回答问题情况，给资金投入表示的金融教育变量 Fineduexp 赋值为 0—4，数值越大，表示投入越多。在时间投入方面，问卷询问了每周学习金融知识所花的时间，答案选项从"不花费任何时间"到"大于 5 小时"，共 6 个层次，本章依次为金融教育时间投入变量 Finedutime 赋值 0—5，数值越高表示投入时间越多。总体来看，大部分家庭都在金融教育上有所投入，在金融教育上没有花费任何钱的仅占 19.54%，在金融知识上没有投入任何时间的仅占 8.39%，在时间和资金上都没有投入的仅占全部样本的 6.28%。

（3）控制变量。风险态度是本章关注的另一重要变量。问卷中有"您家在进行投资时，愿意承担的风险如何？"的问题，且选项将居民风险态度分为 5 个等级，具体为"a. 为得到高回报而承担高风险；b. 为得到较高回报而承担较高风险；c. 只能承担平均风险而选择接受平均回报；d. 只能承担较低风险而选择接受较低回报；e. 不愿意承担任何投资风险"。本章按照风险

---

① 调查问卷中第四部分家庭的金融行为中问及，"您的家庭现在持有股票吗？"设置了"有"和"没有"两个选项。

规避程度，依次将风险态度变量 Riskatt 的赋值设为 1—5，数值越大，表示被访问者风险规避程度越高。根据描述性统计结果，风险态度的均值为 3.1，表明居民整体的风险态度更倾向于风险规避。

根据现有研究，还有一些因素会影响家庭股市的参与程度，主要包括家庭的经济特征以及人口社会学特征等变量。主要包括收入稳定性、年收入、净资产、房产、健康状况、年龄、性别、学历、婚姻状况等。

问卷中家庭收入稳定性划分为 10 个等级，其中 1 为最稳定，10 为最不稳定，因此收入的稳定性（inc_stability）采用多值离散变量表示，数值越小表示收入越稳定，选择 1—5 的样本量占比为 50.51%，因此总体来说受访者的收入自我评价是稳定的。问卷中对年收入调查的是收入区间，为了分析方便，本章以问卷中收入的每个区间的中位数为年收入（ave_income）的代理变量，由于收入的数据是截尾的，大于 5 万元的区间就以区间 50001—80000 元表示。① 这里房产指是否拥有自己的房产。

性别（male）采用 0—1 变量，男性取 1，女性取 0，其中样本中男性占比为 71.04%；年龄变量（age）采用实际填报的数值表示，样本的平均年龄为 34.2 岁。婚姻状况（marriage）采用二元虚拟变量，即已婚取 1，其他情况取 0，83.95% 的样本为已婚状态。家庭人口（popnum）采用实际填报数值表示，样本的平均值为 3.1，意味着大部分家庭都是三口之家。学历（edu）采用多值离散变量表示，用数值 1—4 分别表示初中及以下、高

---

① 本书也尝试给每个样本所选的收入区间内以平均分布赋以随机变量表示其收入，结果发现两者的均值及标准差没有明显差别，因此就采用区间的中位数方法表示收入。

中/中专/技校、本科/大专、硕士以上，数值越大表示受教育年限越长，76.01%的样本为本科或大专，表明受访者大部分为高中以上学历。健康状况（health）用数值1—4分别表示良好、一般、较差、很差四个等级，数值越小表明健康状况越好，69.31%的受访者选择了1，说明受访者的整体健康状况较好。主要变量的统计结果见表5-17。

表5-17　　　　　变量描述性统计

变量	样本量	均值	标准差	最小值	最大值
Stock	3122	0.41	0.4912	0	1
Stockshare	3122	0.10	0.1585	0	0.995
Fineduexp	3122	1.19	0.8248	0	4
Finedutime	3122	1.88	1.1958	0	5
Riskatt	3122	3.10	1.0638	1	5
Male	3122	0.71	0.4537	0	1
Marriage	3122	0.84	0.3671	0	1
Age	3122	34.24	7.6306	25	78
Popnum	3122	3.10	1.3059	1	15
Edu	3122	2.98	0.5336	1	4
Health	3122	1.33	0.5129	1	4
ave_income	3122	12962.7	13027.7	1250.5	65000.5
inc_stabily	3122	5.42	2.6561	1	10
House	3122	1.09	0.2930	1	2
Finasset	3122	28.56	31.1284	0.1	415.2

3. 回归结果分析

表5-18为金融教育对参与股票市场情况影响的估计结果，其中第（1）（2）列分别为根据Probit模型对居民是否参与股市

进行的线性与非线性估计;第(2)(4)列分别为根据 Tobit 模型,对居民股票资产占金融资产的比重进行的线性与非线性估计。

表 5-18　　金融教育对家庭参与股市的影响

被解释变量	是否参与股票市场		股票占比	
	(1)	(2)	(3)	(4)
	Probit	Probit	Tobit	Tobit
Fineduexp	0.301*** (0.033)	0.299*** (0.039)	0.067*** (0.008)	0.076*** (0.015)
Fineduexp2		0.001 (0.012)		-0.011*** (0.004)
Riskatt	-0.316*** (0.025)	-0.316*** (0.025)	-0.084*** (0.006)	-0.086*** (0.006)
Finasset	0.012*** (0.0009)	0.012*** (0.0009)	0.002*** (0.0002)	0.002*** (0.0002)
Age	0.003 (0.004)	0.003 (0.004)	0.002** (0.0009)	0.002** (0.0009)
Male	0.046 (0.055)	0.046 (0.055)	0.004 (0.014)	0.004 (0.014)
Marriage	0.158** (0.073)	0.158** (0.073)	0.040** (0.018)	0.037** (0.018)
Popnum	0.132*** (0.022)	0.132*** (0.022)	0.023*** (0.005)	0.024*** (0.005)
Edu	0.168*** (0.051)	0.168*** (0.051)	0.058*** (0.013)	0.062*** (0.013)
Health	-0.005 (0.050)	-0.005 (0.050)	-0.006 (0.012)	-0.006 (0.012)

续表

被解释变量	是否参与股票市场		股票占比	
	(1)	(2)	(3)	(4)
	Probit	Probit	Tobit	Tobit
ave_income	0.00002*** (7.12e-06)	0.00002*** (7.14e-10)	4.16e-06** (1.71e-06)	4.18e-06** (1.72e-06)
Income2	-4.06e-10*** (1.06e-10)	-4.05e-10*** (1.06e-10)	-8.49e-11*** (2.49e-11)	-8.51e-11*** (2.50e-11)
House	-0.301*** (0.094)	-0.301*** (0.094)	-0.106*** (0.025)	-0.112*** (0.024)
inc_stability	0.029*** (0.009)	0.029*** (0.009)	0.005** (0.002)	0.005*** (0.002)
常数项	-1.13*** (0.268)	-1.13*** (0.270)	-0.220*** (0.067)	-0.168** (0.066)
观测值	3122	3122	3122	3122
Pseudo R^2	0.202	0.214	0.230	0.220

注：括号内表示标准差，***、**、*分别表示在1%、5%和10%水平显著。

从第（1）列我们可以看出，在控制了家庭人口特征和经济特征等因素后，金融教育对家庭是否参与股市具有显著影响，回归系数为0.301，且在1%的水平上显著，表明金融教育与居民参与股市之间存在正向关系，即随着金融教育水平的提高，居民参与股票市场的概率也相应提高。这证明了本章提出的第一个假设。第（2）列中金融教育平方项的影响并不显著，表明金融教育与居民是否参与股市之间不存在U形关系。然而，当以家庭持有股票占金融资产比重来衡量其股市参与程度时，第（4）列的结果显示，金融教育的平方项的回归系数为-0.011，且在1%水平上显著，表明金融教育与居民股市参与程度之间存在显著的倒 U 形关系，即在金融教育水平较低阶段，金融教育投入的增加，将使家庭投资股票的比重随着上升，但当金融教育达到较高水平后，其进一步的提升反而降低了家庭股票持有比重。本章提出的第二个假设也得到证实。结合第（1）（2）列的结果，我们认为，金融教育对居民投资行为的影响可以分为两个方面，一方面，对于金融知识水平较低的人群，金融教育可以拓展其投资视野，使其了解股市等银行储蓄以外的金融投资渠道，从而促进其对股市的参与；另一方面，对金融知识更深入地学习，能够促进居民思考自身的财务、风险偏好等禀赋，进而做出更合理的投资组合安排，或者采取购买股票型基金等方式间接持股，从而对直接参与股市的依赖性有所降低。

从表 5-18 中还可以看出，家庭收入及其稳定性、金融资产、住房等经济特征变量，及风险规避程度、婚姻、人口、教育程度等人口特征变量，对于居民股市参与行为同样具有显著影响。其中，收入稳定性、金融资产、是否已婚及人口数量与股市参与存在正向关系，风险规避程度与是否参与股市及参与程度之间存在负向关系，表明风险规避程度越高，参与股市的概率及程度越低，这与经典理论相一致。房产持有变量的回归系数为负，且均在 1% 水平上显著，表明房产持有对股票投资存在一定程度的挤出效应。此外，家庭收入平方项的回归系数均为负值，且在 1% 水平上显著，表明收入与居民股市参与之间同样存在倒 U 形关系，即当收入水平达到一定高度后，其对家庭是否参与股市及持有比重产生抑制作用。

4. 内生性问题

上述实证分析尚未考虑金融教育可能存在的内生性问题。一方面，金融教育与股票投资之间可能存在双向因果关系，家庭居民可能因为投资股票而投入更多资金及时间接受金融教育，即股市参与行为可能会反向影响金融教育程度；另一方面，金融教育及股市投资行为可能会共同受到一些外生变量的影响，例如文化习俗、社会信任等不易观测因素。为了解决金融教育可能存在的内生性所产生的估计偏误，本书使用工具变量法来进行处理。参考 Disney 和 Gathergood（2011）、秦芳等（2016）的做法，我们选用受访者在所受国民教育中，是否学习过经济类或金融类专业知识，作为金融教育的工具变量[①]。首先，居民金融教育程度与上学期间所学专业课程是相关的；其次，个人参与股市行为基本不会影响到其在接受国民教育时所学课程，即后者相对于家庭股市投资行为是外生的，因此适合将其作为金融教育的工具变量。

表 5-19 为引入工具变量后，使用两阶段最小二乘法（2SLS）进行估计所得的回归结果，表中底部为对金融知识内生性的 DWH 检验结果，均在 1% 水平上拒绝了不存在内生性的假设，表明金融知识确实存在内生性。按照 Stock 和 Yogo（2005），在 F 值大于 10% 偏误水平下的临界值为 16.38，表 5-19 中一阶段估计的 F 值均显著大于 16.38，表明所选工具变量不存在弱工具变量问题。从回归结果可以看出，对于是否参与股票市场，在线性模型中，金融教育的回归系数在 1% 水平上显著为正；对于股票占金融资产比重，非线性模型中金融教育平方项的回归系数为 -0.128，且在 1% 水平上显著，即两者存在倒 U 形关系。由此可见，基于两阶段的估计结果进一步表明，金融教育的提升，对居民是否直接参与股市具有促进作用，而对于其直接参与程度或投资比重，则存在先扬后抑的效应。

---

① 调查问卷中分别询问了受访者在所受国民教育中是否学过经济类和金融类专业知识，本书根据回答情况，为工具变量赋值，若两类课程均为学过，赋值为 0，仅学过经济类课程，赋值为 1，仅学过金融类课程，赋值为 2，两类课程都学过，赋值为 3。

表 5–19 金融教育对家庭参与股市的影响
（工具变量回归：是否上过经济金融类课程）

	(1)		(2)	
	是否参与股票市场		股票占比	
Fineduexp	1.619***	3.179***	0.320***	0.637***
	(0.125)	(0.263)	(0.025)	(0.053)
Fineduexp2		−0.631***		−0.128***
		(0.058)		(0.011)
截距项	−1.204***	−1.601***	−0.214***	−0.296***
	(0.337)	(0.351)	(0.075)	(0.078)
样本数	3122	3122	3122	3122
一阶段估计 F 值	61.53	761.75	61.53	761.75
R-squared	0.205	0.774	0.205	0.774
工具变量 t 值	21.99	20.09	21.99	20.09
DWH 外生性检验 χ^2	206.55	204.51	201.97	194.17
P 值	0.00	0.00	0.00	0.00

注：括号内表示标准差，***、**、*分别表示在1%、5%和10%水平显著。其余控制变量与上文一致。

5. 稳健性检验

为检验上述回归结果的稳健性，参照周弘（2015）、胡振（2016）的做法，我们使用受访者每周学习金融知识所投入的时间作为金融教育的代理变量。表5–20显示了回归结果，从中可以看出，居民金融教育投入时间对是否直接参与股市，具有显著单向正向作用，而对于投资比重，其平方项回归系数为−0.022，且同样在1%水平上显著，表明两者之间存在稳健的倒 U 形关系。

表 5-20　　金融教育对家庭参与股市的影响（金融教育时间）

	(1)		(2)	
	是否参与股票市场		股票占比	
Finedutime	0.402*** (0.026)	0.409*** (0.053)	0.084*** (0.005)	0.162*** (0.015)
Finedutime2		-0.002 (0.017)		-0.022*** (0.004)
截距项	-1.472*** (0.283)	-1.480*** (0.287)	-0.198*** (0.064)	-0.235*** (0.064)
样本数	3122	3122	3122	3122
Pseudo R^2	0.250	0.250	0.287	0.297

注：括号内表示标准差，***、**、*分别表示在1%、5%和10%水平显著。其余控制变量与上文一致。

6. 金融教育是否提高了风险态度对居民直接参与股市的影响

根据前文的理论分析，金融教育水平的提升，将有助于提高投资者风险偏好一致性，即增大风险态度对投资行为的影响，为验证这一推论，我们将受访者是否接受过金融教育，将总样本分为接受金融教育和未接受金融教育两个子样本，分别对其金融教育程度赋值为1和0，并比较两组子样本间受访者风险态度对其参与股市的影响是否存在显著差异。

Allison（1999）认为，对于离散变量回归模型，若使用关注变量与分组变量的乘积来确定关注变量回归结果的组间差异，可能会因为样本异质性程度的干扰而出现有偏估计，因此 Williams（2006）建议对关注变量使用异质性选择模型进行回归，进而检验边际概率或回归系数在不同样本中的统计差异，参照李涛（2009）的做法，使用分组方法对回归模型进行检验。

表 5-21 给出了分组回归结果，其中第一行是以资金投入为

金融教育的代理变量，第二行是以时间投入为代理变量回归的结果。除金融教育变量外，其他控制变量与总体样本回归模型相同。以资金投入作为金融教育代理变量的回归结果显示，无论是总样本，还是两组子样本，风险规避程度均与股票参与负相关，但影响程度差异较大。当受访者接受金融教育时，风险态度的回归系数为 -0.423，边际概率为 -0.141，表明风险规避程度提高1%，则其投资股票的概率将下降14.1%；而当受访者没有接受金融教育时，其风险态度回归系数和边际概率分别为 -0.376 和 -0.084，即风险规避程度的变化对投资股票概率的影响远低于接受教育的受访者，这一结果与本章的理论分析一致。以时间投入作为金融教育代理变量的回归结果显示，是否接受金融教育所对应的回归系数分别为 -0.420 和 -0.368，边际概率分别为 -0.138 和 -0.055，两组的边际概率差距更大。尤其重要的是，两组子样本回归系数的 wald 检验结果均表明，在是否接受金融教育的受访者之间，其风险态度的回归系数存在显著差异，这进一步证明本章的假设3，以及关于金融教育、风险态度与投资行为之间关系的推论：金融教育有利于促进居民投资行为的风险偏好一致性。

表 5-21　　　　　　　　细分样本回归和检验结果

	接受金融教育		没有金融教育		两者系数相等的回归检验
	回归系数	边际概率	回归系数	边际概率	
riskatt	-0.423*** (-11.62) [0.036]	-0.141***	-0.376*** (-4.88) [0.080]	-0.084***	59.77*** (p=0.000)
riskatt	-0.420*** (-12.38) [0.034]	-0.138***	-0.368*** (-2.55) [0.144]	-0.055***	50.59*** (p=0.000)

注：*** 表示回归系数或边际概率的显著性水平为1%。小括号内是 z 值，中括号内是标准误。由于篇幅所限，本表省略了其他变量的相应回归结果。

此外，在表 5-21 省略汇报的回归结果中，与总体样本回归结果相似的显著变量包括：家庭收入及其稳定性、房产情况、教育程度及人口数量，其中，分组样本中收入水平仍然与股市参与之间存在倒 U 形关系。

7. 结论与政策含义

厘清金融教育对居民投资行为的影响机理与效应，是有效普及金融知识、实施金融消费者保护的重要前提。本章运用 2012 年中国城市家庭消费金融调查数据，对家庭金融教育与股票投资行为之间的关系进行了实证分析，结果表明，金融教育对居民直接投资股票起到显著的正向作用，即金融教育投入越多，其参与股市的可能性越大；但是，金融教育与股票投资占金融资产比重之间，存在显著的倒 U 形关系，这意味着当金融教育达到较高水平后，居民投资股票的比重反而有所下降，原因可能在于金融教育使得投资者更加注重按照自身的风险偏好进行均衡的资产配置。为解决金融教育的内生性问题，本章使用两阶段工具变量法进行回归，结果进一步支持了上述结论。此外，为了考察金融教育是否提高了风险态度对居民参与股市的影响，我们将总样本按照是否接受过金融教育进行分组回归，结果显示受过金融教育的人群，其风险态度对投资行为的影响显著大于未受金融教育人群，即金融教育能够促使居民做出更符合自身偏好的投资决策。

本章关于金融教育、风险态度与居民投资行为之间关系的实证分析，为我们提供了一定的启示。金融教育对于居民投资行为的重要意义，不仅仅是增加投资渠道与相关信息，进而提高其风险资产的比重，更重要的是能够增强居民风险意识，并促进其审视自身风险偏好，做出适合的投资选择。金融教育的这一作用，在我国当前尤其值得重视，现阶段，我国许多家庭居民已经初步具备一些基本的金融知识,并且随着互联网金融的普及与资管产品刚性兑付的打破,未来将会接触到越来越多的高风险金融产品,面临更多的资产配置选择和金融风险。鉴于此,政府在制定与实施金融教育政策时,应结合居民既有知识水平,强调投资选择与自身风险偏好的匹配性,注重引导居民进行长期财务规划及均衡资产配置,最终促进金融稳定及市场转型。

(四) 金融素养对家庭参与高风险非正规金融

本部分利用西南财经大学2013年的中国家庭金融调查项目(CHFS)中中部家庭的微观调查数据,考察河南省的家庭金融素养对金融风险的作用机理。

1. 模型设定

本部分的被解释变量为家庭是否参与高风险非正规金融,因而是二元选择变量,本部分采用离散选择模型中的Probit模型来分析金融素养对金融风险的影响。模型设定为

$$Y = \alpha Fina + \beta X + \mu \tag{5-8}$$

Y为0—1变量,1表示家庭参与高风险非正规金融,0表示家庭未参与高风险非正规金融。Fina即为本课题所关心的家庭金融素养,X为控制变量,主要包括家庭收入、就业、人口、住房等变量。

由于CHFS数据中对收入和资产的极值进行了截尾处理,此时经典的线性回归模型将不再适用,使用Tobit模型能够处理截断(censored)数据。模型设定为

$$y^* = \alpha Fina + \beta X + \mu, Y = \max(0, y^*) \tag{5-9}$$

y^*表示高风险非正规金融资产(负债)占家庭金融资产(负债)的比重,是介于0和1之间的观测值。

2. 变量选择与数据说明

被解释变量。本部分所研究的被解释变量包括居民对高风险

非正规金融的参与情况,由于非正规金融概念的宽泛性,本部分将民间金融机构视为非正规金融。西南财经大学所主持的中国家庭金融调查项目问卷中有关于居民参与非正规金融的情况。问卷中有对居民借出钱款以及融资渠道的对象给予调查,其中一项为民间金融组织。本部分将样本中只要选择高于同期银行存贷款利率4倍的借贷行为,视为参与高风险非正规金融,此时该项的样本设定为1,其他为0。

金融素养,由于金融素养是并非可直接观察到的变量,且构成及影响因素也较为复杂,因此,本部分利用中国家庭金融调查项目问卷中相关问题,通过因子分析法构建金融知识指标。相关选项包括:利率问题回答正确与否、通货膨胀问题回答正确与否、投资风险问题回答正确与否。KMO检验结果表明样本适合因子分析。

从表5-22中可以看出三个因子可以解释金融素养问题。本部分利用因子分析将三个因素赋予权重构成一个综合指标作为金融素养的代理变量。

表 5-22   因子分析

	因子1	因子2	因子3
特征值	3.22	0.88	0.33
方差贡献率	70.2%	20.3%	6.5%
累积贡献率	70.2%	90.5%	97%

由于金融素养与居民参与金融的经验密切相关,这就容易造成回归的内生性问题,即金融素养高有利于其积极参与金融市场,另一方面参与金融市场的经验有利于提高其金融素养,而且有其他不可观察到的因素会影响金融素养指标。因此,为了避免内生性问题,参照尹志超、宋全云、吴雨(2014)的做法,选

择父母中最高教育水平作为金融素养的工具变量。

控制变量。参考现有文献，本部分选择的控制变量主要包括家庭总收入、净资产、家庭社会保障情况、户主年龄、教育水平、性别、婚姻状况、宗教信仰、风险态度、家庭规模等特征变量。家庭收入对参与金融市场有着重要影响，本课题采用总收入和净资产的对数值进入模型。人口特征因素：年龄、教育、性别、婚姻等状况会影响家庭的金融行为。其中问卷中对样本基本信息中有：没上过学、小学、初中、高中、中专、大专、本科、硕士研究生、博士研究生，将这些信息折算成受教育年限，分别为0，6，9，12，12，15，16，19，22。户主性别为虚拟变量，男性为1，女性为0，婚姻状况也为虚拟变量，已婚为1，未婚为0；家庭人口规模为家庭实际人口数量。风险态度根据问卷中受访者主观态度选项中原因选择何种投资项目为主要依据，可以将受访者区分为风险厌恶者、风险爱好者和风险中性。本部分将风险偏好爱好者设定为1，其他为0。

3. 数据说明

西南财经大学2013年的中国家庭金融调查项目（CHFS）样本覆盖全国东中西29个省份，由于本课题主要关注河南省居民家庭投融资行为，所以从数据中提取省份为河南的样本。剔除缺失值以及极端数值之后，最后剩余样本数量为528户。

4. 回归结果分析

本部分估计了受访者金融素养对参与高风险非正规金融的影响，回归结果见表5-23。表5-23中第（2）（3）列分别表示因变量是受访者投资于高风险非正规金融、从高风险非正规金融融资的0—1变量。从回归结果可以看出，在控制所有的控制变量之后，金融素养对居民参与高风险非正规金融都有着重要负向影响，即金融素养越高，参与高风险非正规金融的概率越小。当然为了消除内生性问题,我们采用了工具变量进行检验,检验结果也都是负向且都显著。

表 5-23 因子分析

	(1) 高风险非正规金融市场总体	(2) 投资高风险非正规金融	(3) 从高风险非正规金融融资
金融素养	-0.12* (0.09)	-0.16*** (0.01)	-0.11** (0.05)
家庭总收入	0.09* (0.05)	0.22** (0.04)	0.15* (0.06)
家庭净资产	0.03 (0.13)	0.27* (0.08)	0.22** (0.03)
户主年龄	0.06** (0.04)	0.009*** (0.007)	0.02** (0.02)
年龄平方	-0.0003*** (0.00)	-0.0008*** (0.00)	-0.0009*** (0.00)
教育水平	-0.03*** (0.003)	-0.002*** (0.003)	-0.03*** (0.007)
性别	-0.01 (0.23)	-0.03* (0.09)	-0.02 (0.15)
婚姻状况	0.03 (0.005)	-0.05 (0.007)	0.07 (0.008)
风险态度	0.12** (0.05)	0.13*** (0.06)	0.03*** (0.04)
Pseudo R^2	0.15	0.10	0.13
观测值数	466	500	470

注:*、**、***分别表示在10%、5%、1%水平上显著。括号内为聚类异方差稳健的标准差,表中报告的是估计的边际效应。

第（1）列是居民金融素养对参与高风险非正规金融的总体影响，第（2）列是对居民投资高风险非正规金融的影响，第（3）列是对融资的影响。在控制了可能的控制变量之后，金融素养对参与高风险非正规金融的总体边际影响为-0.12，其中对投资的影响为-0.16，大于对融资的影响-0.11。但不管是融资还是投资，金融素养的影响均比较显著，这进一步证实了前文关于金融素养对居民投融资行为及金融风险的影响机理。即金融素养较低的人群，由于风险意识淡薄以及缺乏对正规金融产品的理解，从而更热衷于参与民间金融，尤其是利率异常的高风险金融活动。

无论是投资还是融资，户主年龄对居民参与高风险非正规金融呈现非线性关系。随着年龄的增加，居民参与行为越来越多，但是随着年龄持续增大，参与行为有所减少，这可能意味着参与非正规金融人群当中老年人居多，这为金融稳定带来更大的不确定因素。因此，对老年人的宣传教育是维持金融稳定的重要举措。

教育水平对金融市场的参与也较为显著。样本中户主平均年龄为55岁，平均受教育年限为9.48年，整体教育水平较弱。而婚姻状况对我国居民参与金融市场的影响不大，无论是投资还是负债均不显著。风险态度中，整体来说风险态度越积极越愿意参与高风险的投资。

中国金融消费者保护水平：国际比较与宏微观影响

本章主要基于世界银行《全球金融包容性及消费者保护调查报告（2017）》（Global Financial Inclusion and Consumer Protection Survey—2017 Report），对我国金融消费者保护的现状进行国际比较分析，在此基础上，探讨我国金融消费者保护不足影响家庭投资行为及宏观金融稳定的内在机理。

一、金融消费者保护水平的国际比较

（一）法律框架

从金融消费者保护的法律框架来看，大部分的国家和地区都存在相应的法律框架，只有2%的地区没有相关的法律框架（见表6-1）。其中，76%的国家和地区的法律框架类型为金融部门法律框架内的消费者保护规定，而62%的国家和地区适用一般消费者保护法

（未明确提及金融服务）。1/3 以上的高收入国家有独立的金融消费者保护法，而在中高收入国家这个比重只有 1/5。可见经济发达地区的金融消费者保护的法律框架相对完整而独立。而我国适用的是一般消费者保护法和金融部门法律框架内的消费者保护规定的法律框架。

表 6-1　　　　　　金融消费者保护法律框架

	未明确提及金融服务的一般消费者保护法	明确提及金融服务的一般消费者保护法	独立的金融消费者保护法	金融部门法律框架内的消费者保护规定	其他法律框架	没有与金融消费者保护有关的法律框架
全部国家	62%	34%	21%	76%	23%	2%
高收入国家	62%	46%	38%	85%	18%	0
中高收入国家	78%	19%	24%	65%	30%	0
中低收入国家	59%	41%	6%	88%	26%	3%
低收入国家	36%	27%	0	36%	0	18%

资料来源：世界银行，《全球金融包容性及消费者保护调查报告（2017）》。

1. 金融消费者保护相关机构设置

调查将受调查的地区的金融消费者保护的机构设置类型分为五大类：（1）综合单一金融部门授权模式：金融消费者保护监管责任由单一金融授权部门负责，负责监管所有金融服务提供商的所有方面（如审慎和金融消费者保护）。（2）金融部门管理模式：金融消费者保护监督责任属于多个金融部门，每个管理局负责不同类型金融服务提供商监督的各个方面（如审慎和金融消费者保护）。例如，银行、保险和资本市场。（3）专门的金融消费者保护机构模式：金融消费者保护监督责任致力于金融消费者保护或更广泛的市场行为监管的单一机构负责。（4）金融部门管理和普通消费者保护机构共存模式：由金融部门和普通消费者保护机构模式：一个或多个金融部门当局和一个或多个一般消费

第六章　中国金融消费者保护水平：国际比较与宏微观影响

者保护当局分担金融消费者保护监督责任。（5）普通消费者保护机构模式：金融消费监管职责由普通消费监管机构（此机构还负责非金融消费的监管）负责（见图6-1）。

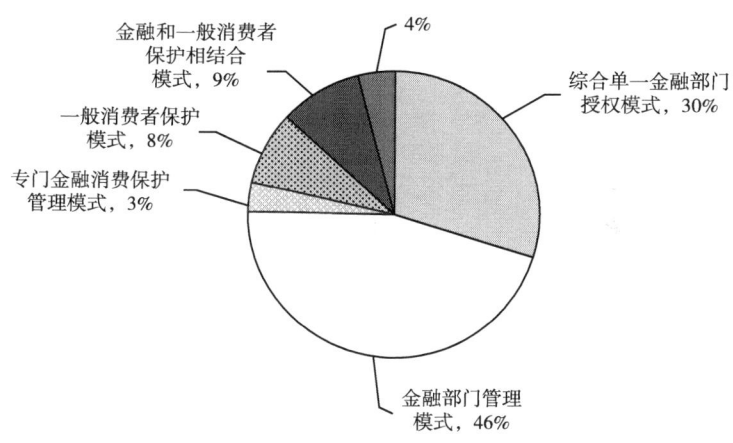

图6-1　金融消费者保护监管模式

资料来源：世界银行，《全球金融包容性及消费者保护调查报告（2017）》。

从调查结果发现，目前最流行的机构设置是金融部门管理模式（占比45%，共55个国家或地区），其次是占比最高的金融消费者保护机构设置模式是综合单一金融部门授权模式，共有36个国家和地区采用这种模式，占比30%（见图6-2）。我国采用了最流行的金融部门管理模式。

独立的金融消费者保护部门是完善的机构设置的一项重要指标，通过研究发现75%的国家和地区都设置了独立的消费保护部门，其中一半左右的国家和地区在与审慎监管同等级层次上，设置了独立的金融消费者保护部门，并独立于审慎监管部门。我国也设置了独立的金融消费者保护部门，监管职责独立于审慎监管部门，有利于有效履行金融消费者保护职责，因为金融消费者

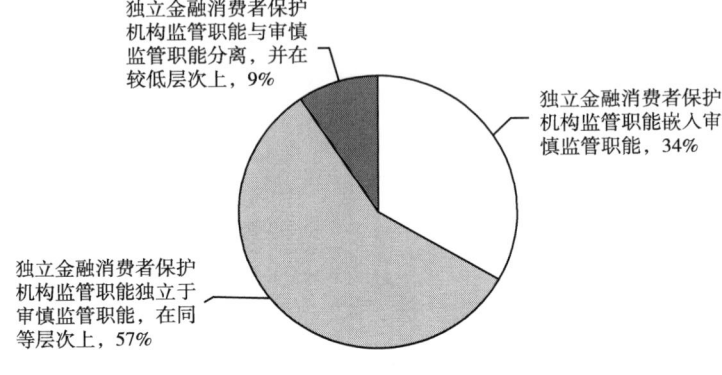

图 6-2　独立金融消费者保护机构监管职能

资料来源：世界银行，《全球金融包容性及消费者保护调查报告（2017）》。

保护嵌入审慎监管机构的方式会分散掉对金融消费者保护的关注度。尤其是 2008 年金融危机后，大部分学者认为金融消费者保护度与地区的金融稳定存在一定的相关性。

2. 金融消费者保护法律法规的执行与监管

（1）金融消费者保护机构开展的监督和非监督类活动。就金融消费者保护机构/单位开展的监督活动而言，主要包括以下 9 个方面的监督活动：①起草相关法规的投入；②收集金融机构投诉数据；③收集金融服务费率和费用的数据；④市场监控，包括金融服务提供机构的广告、销售材料以及网站；⑤神秘/匿名购物；⑥消费者调查研究；⑦金融机构现场检查；⑧金融机构非现场检查；⑨专题审查。

世界上大部分国家和地区的金融消费者保护监管活动集中在起草和出台相关法规的投入、对金融机构的现场和非现场检查以及收集金融机构投诉数据方面这四个方面，但是只有一半左右的国家和地区的监管活动涵盖了市场监管、对金融机构的专题检查和收集金融服务费率和费用的数据。其中，对于市场的监控，经济发达地区和欠发达地区呈现明显的异质性。并且,从 2013 年到 2017 年,实行市场监控的国家和地区有明显的增加(见图 6-3)。然而,截至 2017 年,仅仅 1/3 的国家和地区对神秘或匿名购物和消费者调查活动进行监管(见表 6-2)。

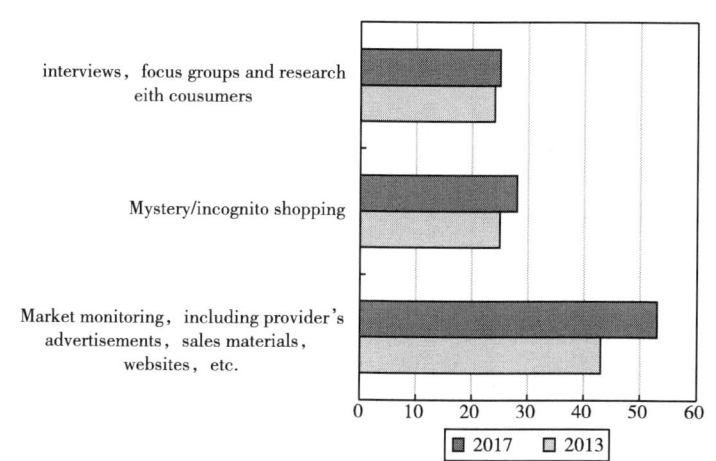

图 6-3　2013 年与 2017 年金融消费监督内容对比

资料来源:世界银行,《全球金融包容性及消费者保护调查报告(2013)、(2017)》。

表 6-2　金融消费者保护机构/单位开展的监督活动

	起草或提供对法规的投入	从金融机构收集有关收到投诉数量的数据	从金融机构收集有关金融服务费率和费用的数据	市场监控,包括供应商的广告、销售材料、网站	神秘/不知名购物	采访、焦点小组与消费者的研究	金融机构现场考察	金融机构非现场检查	专题审查
全部国家	77%	65%	48%	57%	29%	28%	71%	72%	49%
高收入国家	78%	62%	46%	65%	35%	22%	81%	84%	65%
中高收入国家	83%	69%	60%	63%	17%	34%	69%	60%	54%
中低收入国家	70%	70%	33%	45%	36%	33%	61%	70%	33%

续表

	起草或提供对法规的投入	从金融机构收集有关收到投诉数量的数据	从金融机构收集有关金融服务费率和费用的数据	市场监控，包括供应商的广告、销售材料、网站	神秘/不知名购物	采访、焦点小组和与消费者的研究	金融机构现场考察	金融机构非现场检查	专题审查
低收入国家	67%	50%	50%	50%	33%	17%	67%	83%	33%
中国	1①	1	0	0	0	1	1	1	1

资料来源：世界银行，《全球金融包容性及消费者保护调查报告（2017）》。

世界银行针对金融消费者保护机构的非监管类活动进行了两大方面的调查，一是投诉处理，二是金融教育。结果发现世界范围内，84%的消费者保护机构会对金融消费者的投诉进行处理，但只有一半的机构会进行金融教育的相关活动（见表6-3）。也就是说，金融消费者保护机构没有从源头上解决金融消费者权益受损的问题，仅仅把资源集中在解决消费者权益受损之后的问题。

表6-3　　　　　　　　非监督类活动

	投诉处理	金融教育
全部国家	84%	56%
高收入国家	73%	51%
中高收入国家	91%	66%
中低收入国家	94%	52%
低收入国家	67%	50%
中国	1	1

资料来源：世界银行，《全球金融包容性及消费者保护调查报告（2017）》。

---

① 根据《全球金融包容性及消费者保护调查报告（2017）》，本章表格中"1"表示"有"或"是"，"0"表示"无"或"否"，下同。

第六章 中国金融消费者保护水平：国际比较与宏微观影响

我国的金融消费者保护的机构履行了大部分监督责任，只有三项活动不在我国的金融消费者保护机构监督活动范围内，分别是收集金融服务费率和费用的数据、市场监控和匿名购物。我国被世界银行分入中高收入地区，但是一半左右的中高收入地区的金融消费者保护机构却涵盖了收集金融服务费率和费用的数据、市场监控这两项监督活动。我国的非监管类活动同时涵盖了投诉处理以及金融教育。

（2）金融消费者保护机构/单位的权力范围。金融消费者保护机构的权力范围由以下七个方面构成：①对金融机构警告；②要求提供商退还费用；③要求金融机构撤回误导性广告；④罚款和处罚；⑤发布违规公告；⑥吊销或建议吊销许可证；⑦对高级管理人员进行行政处罚。70%—80%的金融消费者保护机构具有对金融机构发出警告、要求金融机构撤回误导性广告以及对金融机构进行处罚或者罚款的权力，一半以上的国家和地区可以要求提供商退还费用、发布违规公告、吊销或建议吊销许可证以及对高级管理人员进行行政处罚（见表6-4）。纵向来看，各个职权的占比有显著的增加，整体上金融消费者保护机构的执行力不断加强。

表6-4　　　　金融消费者保护单位的权力范围

	对金融机构警告	要求提供商退还费用	要求提供商撤回误导性广告	罚款和处罚	发布违规公告	吊销或建议吊销许可证	对高级管理人员进行行政处罚
高收入国家	92%	54%	82%	85%	77%	72%	67%
中高收入国家	77%	54%	66%	83%	34%	46%	51%
中低收入国家	76%	58%	73%	79%	45%	58%	48%
低收入国家	71%	57%	57%	86%	57%	57%	57%
中国	1	0	1	1	1	0	0

我国金融消费者保护机构还未将要求提供商退还费用、吊销或建议吊销许可证和对高级管理人员进行行政处罚这三种权力手段纳入到职权范围内,而这三种权力手段有超过一半的国家和地区目前正在使用(见图6-4)。通过2013年的数据得知,我国在2013年曾要求金融服务提供商退还费用,但是这项权力却在2017年调查时移除了,新增了对于金融机构的处罚或罚款的权力。

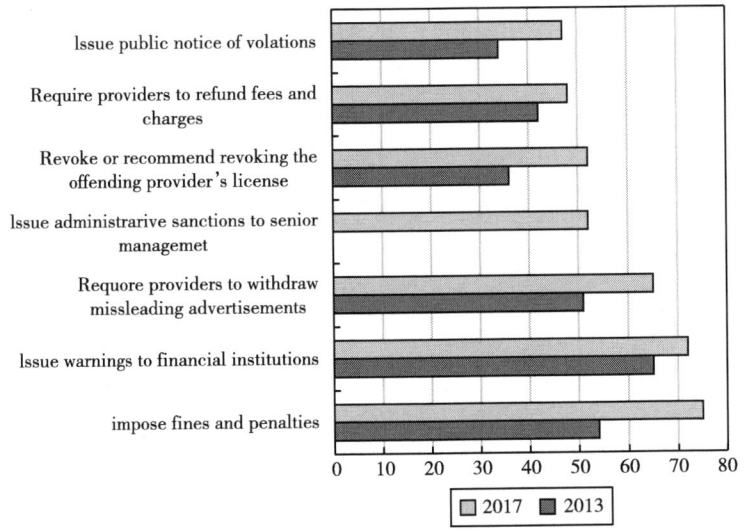

图6-4 2013年与2017年金融消费者保护机构权利范围比较

资料来源:世界银行,《全球金融包容性及消费者保护调查报告(2013;2017)》。

(二)信息披露要求

有效地披露金融产品的价格条款以及相关风险,能够降低金融市场的信息不对称性,便于客户比较同类型的产品,帮助金融消费者做出理性选择。

1. 信息披露法律法规

总体来看,70%—80%的国家和地区要求金融机构对于金融产品的产品信息进行披露(见图6-5)。各个国家和地区对于不同类型金融机构的披露要求不同:首先,94%的国家和地区根据当地的法律法规要求商业银行进行金融产品信息披露,占比最高。而对于其他类型银行,这个比重则降至86%。对于其他类型的金融机构,要求进行信息披露的国家和地区占比在70%—80%。但是有81%的国家和地区要求非银行电子货币发行人对其所发行的金融产品进行产品信息披露。也就是说目前国际上把信息披露的重点放在了银行发行的金融产品以及非银行电子货币发行人所发行的金融产品上。非银行电子货币发行人是数字金融服务的主要驱动力,他所提供的金融服务包括了手机钱包、互联网金融服务等等。

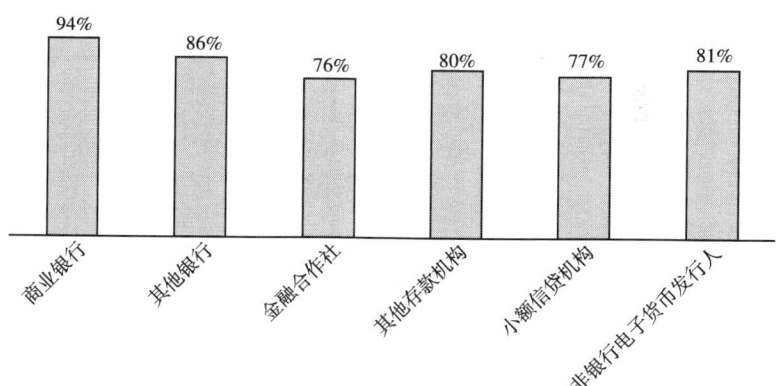

图6-5 法律要求披露特定产品信息

资料来源:世界银行,《全球金融包容性及消费者保护调查报告(2017)》。

2. 信息披露时效要求

另外,信息披露的时间对于金融消费者至关重要,因为信息的披露是为了消费者更好地做出决策,如果信息披露不够及时,在消费者做出决策购买某金融产品或者服务之后,即使金融机构进行了信息披露,这信息也难以为消费者服务。更多的国家要求金融机构在合同存续阶段披露产品信息,而不是在销售阶段。从表中可以发现,不管任何机构发售金融产品,要求在合同存续阶段披露信息的国家占比最高。而要求在产品销售阶段进行产品信息披露的国家和地区占比却最低(见图6-6)。

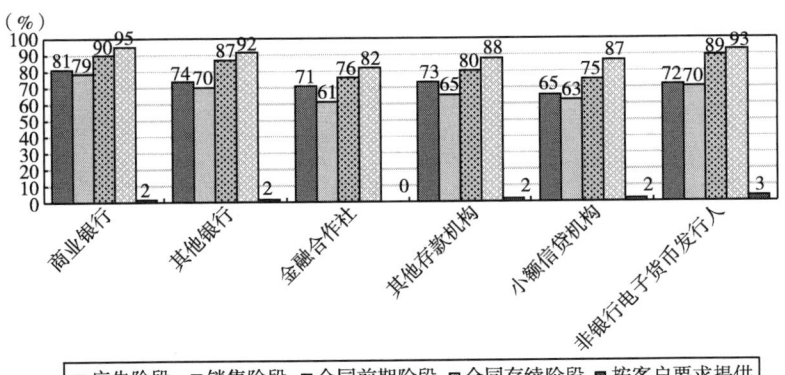

图 6-6 信息披露时效要求

资料来源:世界银行,《全球金融包容性及消费者保护调查报告(2017)》。

3. 信息披露内容要求

(1) 广义信息披露内容要求。虽然很多国家和地区对于金融产品信息披露进行了规定,但是这些披露的信息是否包含了主要的产品信息,如产品的定价、利率,费用,主要条款以及风险提示等,监管机构是否要求金融机构在披露产品信息时采用统一标准的模板,信息的表达是否是通俗易懂,这些因素都会在一定程度上影响金融消费者保护水平。

在信息披露的标准模板采用方面,一半左右的国家和地区要求金融机构（包括其他类型银行、其他存款机构、金融合作社、小额信贷机构）进行产品信息披露时采用标准模板。超过一半（65%）的国家和地区要求商业银行在披露产品相关信息时使用标准模板。但是仅有1/3的国家地区要求非银行电子货币发行人发行的金融产品信息披露模板使用标准化的模板（见图6-7）。我国的金融保护机构并没有要求金融服务供应商按照标准模板披露产品信息。

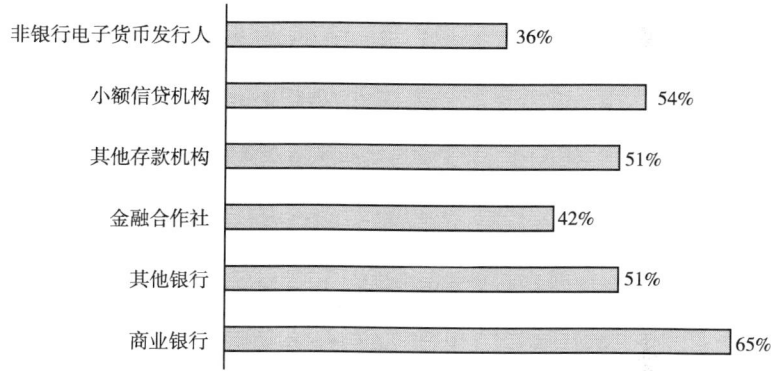

图6-7 采用标准模板披露产品关键信息说明

资料来源：世界银行，《全球金融包容性及消费者保护调查报告（2017）》。

在信息披露的要求方面，大部分（70%—80%）的国家和地区都要求产品信息的披露时需简明扼要，且要求披露时间在销售阶段或者合同前阶段。一半以上的国家和地区要求金融机构进行产品信息披露时采用本土语言，以便消费者理解。60%—70%的地区将追索权力及程序的信息披露列入产品信息披露要求（见图6-8）。

（2）储蓄类产品和信贷类产品信息披露具体要求。不同类型的产品由于其产品特性的不同，对于信息披露内容的要求也不

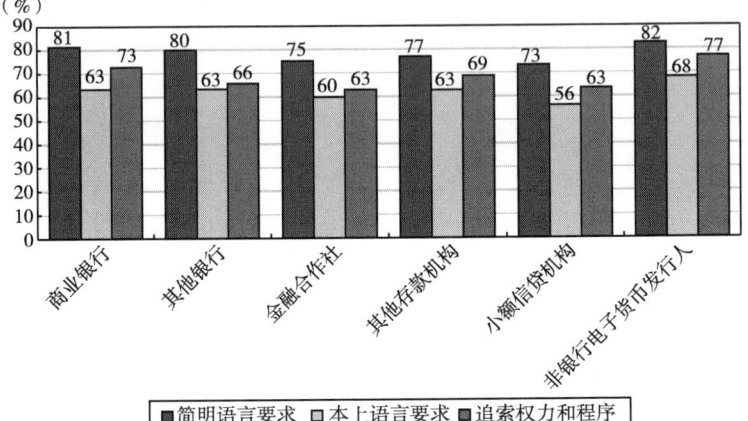

图 6-8　信息披露语言及追索权要求

资料来源：世界银行，《全球金融包容性及消费者保护调查报告（2017）》。

尽相同。

消费者在选择存款产品时，会考虑是否有最低余额要求、是否存在开户、账户管理以及取消账户的费用以及存款保险适用范围等等因素。调查发现，60%—70%的国家和地区会对商业银行、其他类型银行、金融合作社以及其他存款机构的储蓄产品针对上述的披露内容做出要求。仅有40%左右的国家对小额贷款机构以及非银行电子货币发行人提供的储蓄产品做出同样的披露要求。同时调查结果呈现经济发达地区与经济欠发达地区的差异性。经济发达地区有更多的国家对储蓄产品披露内容提出要求。

在使用金融产品期间，根据当地法律法规，一半左右的银行类金融机构需免费向客户提供储蓄类产品的对账单，仅有15%的银行类金融机构明确对账单服务为收费项目。大部分国家和地区对对账单内容进行了规范。80%的国家和地区要求金融机构（这里不包括非银行电子货币发行人）储蓄类金融产品的对账单内容需包含利息收入、征收的费用以及账户余额。只有50%—60%的国家和地区要求商业银行等金融机构披露实际收益率（见表6-5）。

表6-5　　　　　　　　储蓄类产品信息披露要求

	商业银行	其他银行	金融合作社	其他存款机构	小额信贷机构	非银行电子货币发行人
最低余额要求	67%	67%	60%	63%	45%	42%
开户费用	74%	65%	65%	65%	48%	42%
账户管理费	75%	62%	64%	63%	45%	50%
销户费用	74%	65%	65%	59%	41%	44%
存款保险赔付额度	65%	58%	51%	53%	39%	29%

资料来源：世界银行，《全球金融包容性及消费者保护调查报告（2017）》。

相对于储蓄类产品，更多的国家和地区对信贷产品的监管力度更强。首先在信贷产品销售和合同前阶段，大部分（70%—80%）的国家和地区针要求当地的各类金融机构对其发行的信贷产品的实际收益率、费用和处罚、计算方法、所需保险以及特定警告（例如延期还款）等信息进行披露（见表6-6）。在信贷产品存续期间，金融机构按当地相关法律的要求需要向客户发送对账单，对账单内容需包括与账户有关的所有交易、使用标准公式计算的实际利率、应收利息、当期手续收费、最低到期金额、到期日以及未清余额。

表6-6　　　　　　　　信贷类产品信息披露要求

	商业银行	其他银行	金融合作社	其他存款机构	小额信贷机构
实际收益率	86%	83%	80%	75%	81%
费用和处罚	86%	84%	77%	75%	74%
计算方法	78%	75%	72%	70%	75%
所需保险	75%	75%	72%	71%	74%
特定警告	77%	70%	65%	66%	68%

资料来源：世界银行，《全球金融包容性及消费者保护调查报告（2017）》。

（3）我国金融产品关键信息披露监管薄弱。从信息披露法律法规方面来说，我国除了对小额信贷机构的产品没有要求披露产品信息外，要求其他所有类型的金融机构必须进行产品信息披露，且信息披露时间点覆盖金融产品从推广销售阶段到合同存续终止。

从信息披露内容要求方面来说，我国虽然规定信息披露的语言表达必须简明扼要、便于理解，但是对于产品关键信息说明的规范缺失。产品的关键信息说明包含了产品或服务的成本、风险和收益等金融产品最为主要的信息以及一些特殊条款说明。产品的关键信息相对于产品合同来说内容只保留对于消费者最为重要的信息，增强消费者对产品的认识，方便消费者进行比较，但是我国并没有对任何金融机构在任何阶段要求向消费者提供产品关键信息说明。

另外，在产品合同签署后，我国的对账单服务属于收费项目，无形之中限制了客户对于产品信息的知情权。

（三）公平待遇

公平对待消费者是金融消费者保护的重要内容。金融产品的专业性使金融机构在金融产品交易种处于主导地位，普通消费者有时很难完全理解金融产品或者服务的合同条款，即使合同中存在不平等条款，也很难跟金融机构进行协商，以维护自身的合法权益。因此，政府以及相关部门应禁止合同中的不平等条款。金融产品相关合同以及协议的不公平主要体现在合同双方的权力及义务的不对等。

目前，维护消费者公平待遇成为国际主流。

（1）有关公平待遇的相关法律法规。各个国家都有针对不平等条款的规定。就参与调查的国家与地区来说，不公平条款可以分为以下五类：①在消费者协议中使用任何不公平、过度失衡或滥用的条款或条件；②金融机构（金融产品或服务的供应商）

除外责任条款；③排除或限制消费者权利的任何条款；④歧视某些群体的条款（例如：妇女、具有某种信仰的群体、特定政治背景群体等）；⑤以捆绑销售的方式限制消费者选择权力。对于以上五类不平等条款进行限制的国家和地区占比分别为 75%、67%、69%、65%、61%。可见，大部分的国家和地区都有限制和禁止不公平条款的相关法律法规。

调查结果显示出经济发展程度异质性：不同收入国家和地区对于不公平条款限制的占比显著不同。高收入国家和地区的限制不公平条款的占比要高于世界平均水平，而中等收入国家与地区的占比则基本与平均水品持平。低收入国家的占比远低于平均水平（见表 6-7）。

表 6-7　　　　禁止/限制不公平行为的规定

	在消费者协议中使用任何不公平、过度失衡或滥用的条款或条件	在消费者协议中，排除或限制金融服务提供者责任的任何条款或条件	在消费者协议中，排除或限制消费者权利的任何条款或条件	歧视某些群体，如妇女、土著居民，或基于信仰、政治关系、消费者着装方式	以不适当地限制消费者选择的方式捆绑和捆绑服务和产品
全部国家	75%	67%	69%	65%	61%
高收入国家	89%	79%	82%	81%	86%
中高收入国家	75%	74%	72%	61%	57%
中低收入国家	71%	61%	68%	63%	50%
低收入国家	56%	25%	33%	44%	25%
中国	1	1	1	1	1

资料来源：世界银行，《全球金融包容性及消费者保护调查报告（2017）》。

（2）客户流动性。客户的流动性是反映某地区公平待遇的另外一项指标。客户的流动性是指客户能否以一个合理的成本从已有的产品转换成另外的机构的同类型产品，或者在同一机构内进行产品的转换。客户流动性有利于客户选择适合自己的产品，即使已经签署了相关的金融产品及服务合同。保护客户流动性的法律法规有：①限制销户费用；②禁止销户时额外程序；③允许消费者对某些产品有冷却期的规定，在此期间他们可以退出产品或服务而不会受到处罚；④限制提前还款的罚款。调查结果表明，仅有近一半的国家和地区存在保护消费者流动性的相关规定；同时，高收入国家和地区的保护客户流动性的占比分别为68%、65%、77%和76%。这个比重随着收入水平的降低而下降（见表6-8）。

表6-8 禁止/限制客户流动性的条款或做法的规定

	限制销户费用的规定	禁止关闭账户的额外负担程序的规定	允许消费者对某些产品有冷却期的规定	限制提前还款罚款的规定
全部国家	42%	42%	56%	55%
高收入国家	68%	65%	77%	76%
中高收入国家	37%	43%	56%	61%
中低收入国家	24%	25%	42%	39%
低收入国家	0	13%	38%	13%
中国	1	1	1	0

资料来源：世界银行，《全球金融包容性及消费者保护调查报告（2017）》。

（3）限制滥用债务催收手段。滥用债务催收手段（例如给借款人打骚扰电话、使用威胁性以及侮辱性语言进行债务催收以及公开侮辱借款人等）会严重危害金融消费者权益，因此，对于债务催收手段的规范对于保护金融消费者权益有重要意义。一半左右的国家和地区制定了最低的债务催收标准，用以维护金融消费者权益（见表6-9）。

表6-9　　　　　　　　　债务催收最低标准

全部国家	58%
高收入国家	64%
中高收入国家	53%
中低收入国家	56%
低收入国家	55%
中国	0

资料来源：世界银行，《全球金融包容性及消费者保护调查报告（2017）》。

我国维护公平待遇的法律法规相对完善，提前还款以及债务催收的规范欠缺，我国政府为维护我国金融消费者金融利益，禁止金融机构在金融产品合同或者服务协议中使用任何不公平条款（协议双方权利与义务不对等），包括金融金融服务提供商除外责任条款、限制消费者权力条款、歧视特定条款以及捆绑销售条款，涵盖了调查中所有不公平条款类型。除此之外，我国为保护客户在金融机构之间以及同一金融机构不同产品的自由转换，限制金融机构对销户的收费、禁止销户时的额外程序并对要求金融机构的某些产品适用产品冷却期条款。但是，对于消费者提前还款的罚款方面，我国并没有做出明确的规定，而世界上有55%的国家和地区限制消费者提前还款的罚款额度，高收入国家则占比更高。

债务催收手段的滥用不仅消费者施加巨大的还款压力，还可能对消费者的正常生活造成影响。过度负债的原因分为两类：一类客户对信贷产品由清楚的认识，选择了适合自己的信贷产品，由于自身意外情况的发生，无法按期偿还负债，另一类客户最信贷产品认识不足，而导致不能按期偿还。因此，对债务催收手段的规范是保护消费者的最后一道防线，而我国并没有对债务催收手段进行规范。

（四）投诉处理与争议解决

当金融消费者对金融产品和服务存有异议，金融服务提供者应当有书面的政策和有效的机制和制度，以便妥善处理和解决消费者投诉。如果客户的投诉没有得到满意的答复，庭外替代纠纷解决（ADR）机制可以提供进一步的追索选择。金融消费者投诉解决机制通常由金融服务提供者内部争议或投诉处理机制以及庭外替代纠纷解决机制构成。

1. 大部分国家建立了内部争议处理机制与庭外纠纷解决机制相结合的争议处理体系

（1）是否有相关法律法规对金融机构解决和处理投诉的标准做出规定。78%的国家和地区对金融机构解决和处理投诉的标准做出了规定。近90%的高收入国家和地区，有相关的法律法规规定了金融机构处理投诉的标准，这个比重随着收入水平的降低而降低。只有40%的低收入国家和地区规定了金融机构处理投诉的标准（见图6-9）。

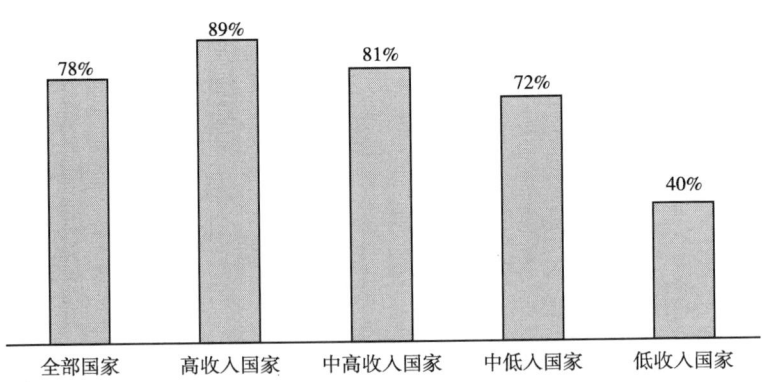

图6-9 存在法定投诉处理的法定流程

资料来源：世界银行，《全球金融包容性及消费者保护调查报告（2017）》。

(2) 内部争议处理机制要求。对于内部争议处理机制具体内容的要求有以下几个方面：①解决客户投诉程序和流程的要求；②要求有一个指定的、独立负责处理客户投诉的单位；③投诉回复的时效性；④沟通便利性（是否有多种渠道可以联系金融机构）；⑤投诉记录保存要求；⑥向政府机构报告投诉数据；⑦向消费者提供有关外部纠纷解决机制的详细信息。

对于内部争议处理机制的要求主要集中在解决客户投诉程序和流程（74%）的规范以及投诉回复的时效性（67%）要求上，对于这两项内容进行规范的高收入国家占比更高，分别是85%和79%。但是，一些国家和地区对于向消费者提供外部纠纷解决机制信息不够重视，仅有51%的国家和地区向消费者提供有关外部纠纷解决机制详细信息的要求，占比最低（见图6-10）。

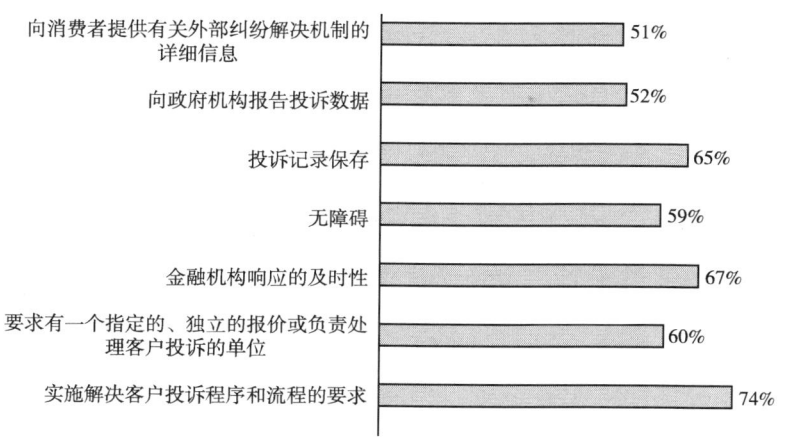

图6-10 内部争议处理机制要求

资料来源：世界银行，《全球金融包容性及消费者保护调查报告（2017）》。

(3) 庭外替代纠纷解决机制。调查结果表明有65%的国家和地区建立了相应的庭外替代纠纷解决机制，并且经济发展程度高的国家和地区建立庭外替代纠纷解决机制所占的比重越高。庭外替代纠纷解决机制解决争议的模式对于处理金融消费者投诉的有效性有一定的影响。通常,庭外替代纠纷解决机制的模式可以分为由行业协会或消费者协会自愿建立的模式,或者依法建立的政府机构模式。显然,两种模式对于金融服务提供商的约束力截然不同进而影响争议解决的有效性。目前,在已经建立庭外替代纠纷解决机制的国家和地区中,62%的国家和地区采用法定模式,20%的国家由行业协会建立自愿自发的庭外替代纠纷解决机制,18%的国家由行业协会建立了强制的庭外替代纠纷解决机制(见图6-11),而我国忽略了庭外替代纠纷解决机制,仅由行业协会建立了庭外替代纠纷解决机制。

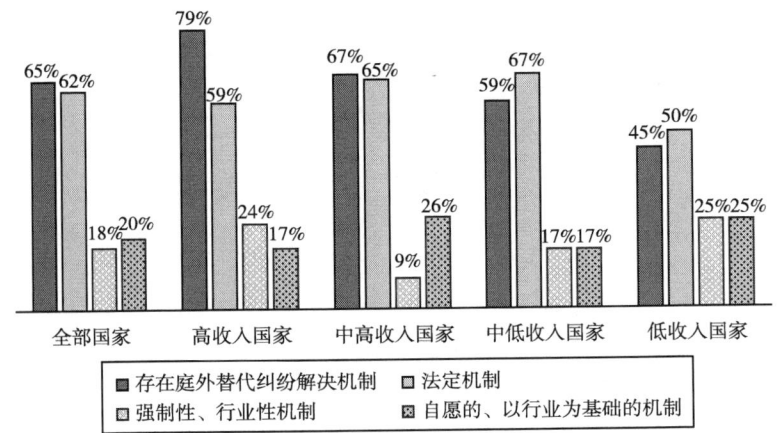

图 6-11 庭外替代纠纷解决机制

资料来源:世界银行,《全球金融包容性及消费者保护调查报告(2017)》。

(4)常见投诉问题以及投诉产品类型。常见的投诉问题主要集中在利息和费用的问题,比如不清楚利息的计算方法以及费用的收取,过高的利息及费用。其次,错误/未经授权的交易被

45%的国家居民认为是排名前三的投诉问题（见图6-12）。

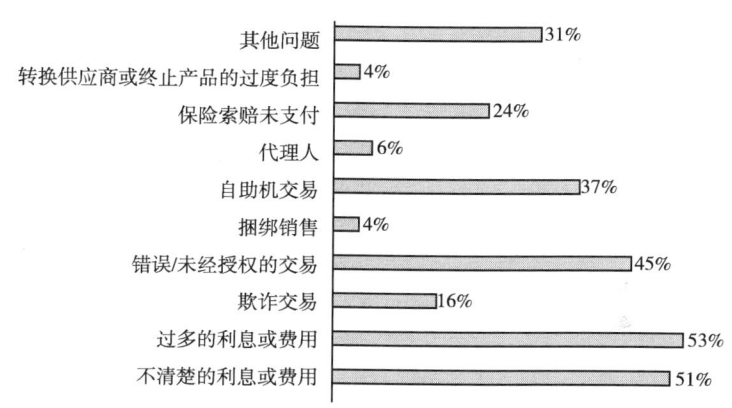

图6-12 常见投诉问题以及投诉产品类型

资料来源：世界银行，《全球金融包容性及消费者保护调查报告（2017）》。

最常被投诉的产品类型为消费贷款，被75%的国家和地区选择成为投诉最多的产品，其次就是信用卡跟按揭贷款。投诉最多的产品类型都属于信贷类产品，信贷类产品的投诉率远远高于储蓄类产品的投诉率（见图6-13）。

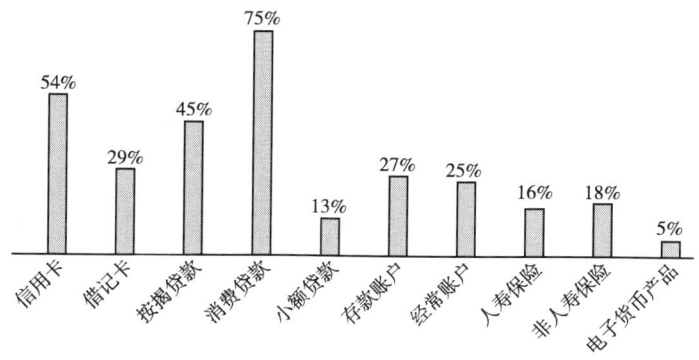

图6-13 最经常被投诉的产品类型

资料来源：世界银行，《全球金融包容性及消费者保护调查报告（2017）》。

2. 我国内部争议处理机制要求相对严格，庭外替代纠纷解决机制约束力有限

我国对于金融机构内部争议处理标准有明确的法律规定，具体包括有解决客户投诉程序和流程、投诉回复的时效性、消费者沟通的便利性、投诉记录保存和上报以及外部纠纷解决机制的详细信息等。不仅包括了主流的针对内部争议处理内容，还涵盖了一些国家并不重视的外部纠纷解决信息（仅有51%的国家要求金融机构提供外部纠纷解决相关信息）。

我国建立了庭外替代纠纷解决机制，不仅可以提供有约束力解决方案，还可以提供中介服务来调解消费者与金融机构之间的争议。但是我国的庭外替代纠纷解决机制是由行业协会自愿成立，约束力相对较弱，覆盖范围更窄（一些国家采用政府依法确立的模式）。

另外，我国最常被投诉的原因是欺诈以及错误/未经授权的交易。世界上把欺诈列为最常投诉的问题的国家仅有16%，说明我国的欺诈型交易较为普遍。我国最常被投诉的金融产品类型为消费贷款、信用卡以及借记卡。与世界水平相比，我国借记卡相关投诉较为严重，而按揭贷款方面的投诉情况较为乐观。

（五）金融教育

金融教育作为提高金融能力以及金融素养水平的有效手段，能够促进消费者金融知识水平提升、增强金融消费决策能力，对维护金融消费者自身权益，提高某一地区的金融消费者保护水平具有积极意义。从世界银行的调查结果来看，各国对于金融教育的重视程度远远不及对于金融消费者保护其他因素（如信息披露以及投诉处理）。

1. 世界总体对金融教育的重视程度低

（1）金融教育相关政策。金融教育相关政策以及体制是金

融教育措施实施以及措施实施效果的基础保障。金融能力、金融教育以及金融素养的内涵有所不同的。世界银行将金融能力定义为"消费者在考虑到社会经济和环境条件的情况下，做出明智决定并获取最大经济利益的能力"并将金融素养定义为一个人对管理个人财务所需的关键概念的理解，是一个相对狭义的概念。而金融教育是实现或者提高金融能力的工具。

首先，根据调查一半左右的高收入国家对金融能力、金融素养以及金融教育的含义进行了正式统一的规定。只有不到40%中等收入以及低收入国家与地区对以上的名词进行了正式统一的规定。

其次，1/3的国家与地区制定了国家金融能力/金融素养发展战略，22%的国家和地区的国家金融能力/金融素养发展战略正在制定过程中，只有14%的国家和地区确立相关法律明确要求金融机构提供金融教育服务。

提供包含金融教育的内容和方法的指导方针能够提高金融能力以及金融素养的国家发展战略是针对国家层面的总体战略的执行效率及执行效果。仅有13%的国家和地区为辖区内金融教育机构提供了适用所有金融机构的指导方针，17%的国家和地区只针对特定金融教育提供金融教育指导方针（见表6-10）。

表6-10　　　　　　　金融教育政策制定情况

	国家金融能力发展战略		正式定义	政府确立金融教育指导方针	
	已具有国家金融能力发展战略	正在发展中的金融能力战略	对于金融教育、金融能力有官方定义	针对特定或有限的金融教育提供者	针对所有金融教育机构
全部国家	35%	22%	42%	17%	13%
高收入国家	49%	15%	51%	24%	24%
中高收入国家	35%	27%	39%	8%	8%
中低收入国家	26%	24%	38%	15%	9%

续表

	国家金融能力发展战略		正式定义	政府确立金融教育指导方针	
	已具有国家金融能力发展战略	正在发展中的金融能力战略	对于金融教育、金融能力有官方定义	针对特定或有限的金融教育提供者	针对所有金融教育机构
低收入国家	18%	27%	36%	27%	0
中国	0	1	1	0	1

资料来源：世界银行，《全球金融包容性及消费者保护调查报告（2017）》。

（2）金融教育相关体制。69%的国家和地区建立了金融教育政策执行或协调机构，其中只建立一个牵头金融教育机构（这个牵头机构通常是公共部门机构，如中央银行或者其他金融监管机构）的国家占31%，建立了多个金融教育机构的国家占26%。一些国家（40%）为了更有效实施金融教育相关政策，还建立了公共的、专门的、多方利益相关者相结合的金融教育政策实施体制（见表6-11）。公共部门包括了金融监管机构、政府管理部门、当地政府以及当地银行、当地大型企业以及公办院校。多方利益相关者包括金融产品提供者、行业协会等。这种多层次相结合的金融教育政策推广体制能够对金融消费者造成多方面的影响，从而提升金融消费者金融能力。

表6-11　　金融教育的体制安排

	单一机构模式	多机构模式	其他	没有相关机构
全部国家	31%	26%	12%	31%
高收入国家	32%	30%	19%	19%
中高收入国家	24%	30%	14%	32%
中低收入国家	38%	24%	6%	32%
低收入国家	36%	9%	0	55%
中国	0	1	0	0

资料来源：世界银行，《全球金融包容性及消费者保护调查报告（2017）》。

（3）金融教育活动监管与评价。金融教育活动的监督评价体系的建立，能够有效反映金融教育活动的实施过程以及活动的效果。有效的金融活动评价体系应包括以下三个要素：①对个人或家庭的全国代表性调查；②金融教育相关活动的全国测绘；③直接从金融教育提供者处收集数据。调查结果表明67%的国家在五年内进行过全国性的个人或者家庭金融能力调研，43%的地区进行了个人或者家庭金融能力专项调研，而24%的地区则把金融能力调研作为广泛调研的一部分。仅有30%的国家和地区的政府会定期从金融教育提供者处收集金融教育计划相关数据（如金融教育计划受益人数），50个国家和地区对辖区的金融教育活动进行过测绘，占比43%。

（4）获取金融知识渠道。获取金融知识的渠道主要包括两种：一是学校教育渠道，二是网络渠道。

学校教育渠道作为居民获取各方面知识的主要途径，学校教育中是否涵盖金融教育知识相关课程直接居民金融能力以及金融素养的水平。51%的国家和地区的公立学校将金融教育相关课程纳入公立教育课程体系，18%的国家和地区计划在1—2年内推广或者计划发展金融教育课程。但是，仍有30%的国家和地区的公立教育课程将金融教育排除在外，且短期没有发展金融教育课程的相关计划。

互联网目前作为居民获取信息的主要渠道之一，获取信息最为便利，且成本最低。官方网站可以向公众提供金融教育资源，帮助公众提高金融能力以及金融素养。更加重要的是，官方运营的金融能力相关知识的网站可以向金融消费者提供金融产品相对客观的信息，供消费者比较同质的金融产品，有利于消费者选择更加适合自己的产品。65%的国家和地区的政府运营了官方的提升金融能力的相关网站，其中仅有20%的网站披露金融产品和服务的定价及条款信息,另外 45% 的官方网站将提供信息的重点放在金融教育的具体内容、工具等资源方面(见表 6-12)。

表 6-12　　　　　金融教育渠道

	金融教育——公立学校课程					官方金融能力提升网站	
	专题	由多个子话题组成主题	计划在未来1—2年内实施	未来1—2年课程的计划发展	没有相关主题	披露有关金融产品和服务的定价和条款的信息	利用教育内容、工具和资源进行更广泛的金融教育
全部国家	13%	38%	12%	6%	30%	20%	45%
高收入国家	16%	49%	5%	3%	24%	25%	58%
中高收入国家	14%	44%	17%	0	25%	22%	53%
中低收入国家	15%	26%	15%	15%	26%	18%	36%
低收入国家	0	18%	9%	9%	64%	0	9%
中国	1	0	0	0	0	0	1

资料来源:世界银行,《全球金融包容性及消费者保护调查报告(2017)》。

2. 我国开始重视金融教育,但政策体系有待完善

与世界水平相比,我国对于金融教育相对重视,但是我国目前金融教育政策体系还不够完善。首先,尚缺乏统一、系统的金融教育体制安排,金融教育工作仍有多部门共同主导;其次,金融教育的内容多以临时性、专题性的方式进行,没有形成体系化,更没有在正规学历教育中进行系统安排。在金融教育官方网站中,虽然能够利用相关网络资源进行金融知识普及教育,但针对特定金融产品和服务条款的关键信息披露不足。金融教育的相对薄弱,导致我国居民金融素养水平与日益迫切的金融行为需求不相适应。

根据既有研究,金融素养的核心要义在于两个方面,一是金融知识、金融技能的掌握与应用能力,二是风险认知与风险责任

承担意识。围绕这两方面,中国人民银行金融消费者保护局自2012年成立以来,每两年开展一次金融消费者金融调查。目前消费者保护局共进行了两次金融消费者金融素养调查。根据此项调查发现我国消费者金融素养具有以下特点。

(1) 金融知识与技能总体欠缺,资产配置呈现极端化。为考察居民金融知识与技能掌握情况,人民银行的金融素养调查组将金融知识区分为储蓄知识、贷款知识、信用卡知识、投资知识、信用知识及保险知识六个方面。根据调查结果,我国居民对基本金融知识问题回答的平均正确率为六成(见表6-13),具体来看,而消费者对于储蓄卡和银行卡知识较为熟悉,对于贷款、信用、投资以及保险知识了解较少,只有50%的人答对了相关题目,尤其是信用知识和投资知识回答准确率最低。从城乡来看,不论哪种类型的金融知识,城镇人群的回答正确率比农村要高;按区域来看,整体金融知识水平较为接近,发达地区的金融知识水平略高于欠发达地区。

表6-13 消费者金融知识平均正确率的分类统计情况　　单位:%

项目	全部样本	按城乡分		按区域分			
		城镇	农村	东部	中部	西部	东北
储蓄知识	70.4	74.3	61.6	72.0	70.1	69.4	71.8
银行卡知识	74.4	81.0	58.5	76.2	72.6	75.8	71.9
贷款知识	52.2	56.7	41.3	54.2	51.8	51.8	49.9
信用知识	51.9	54.9	44.8	53.1	51.3	51.8	52.0
投资知识	50.5	56.2	36.7	53.5	50.4	50.2	45.6
保险知识	57	60.8	47.9	57.3	56.5	57.0	56.8
总体情况	60.2	65.0	49.0	61.9	59.5	60.2	59.3

资料来源:中国人民银行,《2015消费者金融素养调查分析报告》。

由于缺乏必要的金融知识与技能，在不能充分比较与鉴别金融产品的情况下，多数家庭的资产配置呈现极端化：一方面高度集中于无风险的现金、银行存款；另一方面，在风险资产配置中，高风险的股票投资占比反而最高，而风险适中的债券与基金等投资品种配置较低。

（2）风险意识淡薄，责任意识不强。关于风险意识，需要区分两种情况。一是有无风险意识，即是否意识到某项金融行为存在风险；二是责任承担意识，即对某项金融行为可能导致的经济损失，最终由谁承担的认识；三是风险认知能力，即辨别风险大小的能力。

首先，在有无风险意识方面，据《2015消费者金融素养调查分析报》显示，在购买金融产品时，仅有约34%的消费者会仔细阅读合同条款，其他的消费者只简要阅读，甚至不阅读；此外，有39%的消费者在没有与同类金融产品比较的情况下就购买了金融服务。

其次，在责任承担方面，参与调查的七成的消费者认为在银行无力偿付储户存款类产品时，应由政府承担相应的赔偿；认为不应该由政府承担的消费者仅为18%。最后，在风险认知能力方面，在辨别非法投资渠道和产品服务时，有接近四成的消费者不能辨别出投资渠道或者产品服务是否为非法。其中18.6%的消费者不能辨别，其他则是不知道如何辨别。

最后，就金融产品或服务的对账单和合同条款的阅读理解情况而言，只有38%的消费者对于对账单和服务能够清晰理解。由此可见，我国相当一部分居民的金融投资行为比较草率，对所购买的金融产品缺乏必要的风险审视；即使有一些居民存在风险意识，但由于金融产品条款的专业性，多数居民不能准确理解相关条款，无法对相关产品的风险进行准确认知。

二、金融消费者保护不足的宏微观影响

（一）金融消费者保护影响家庭投资行为的机理分析

结合前文理论分析及我国政策现状，我们归纳出我国金融消费者权益保护政策与制度对我国家庭金融行为，尤其是资产配置行为的影响机理与路径（见图6-14）。

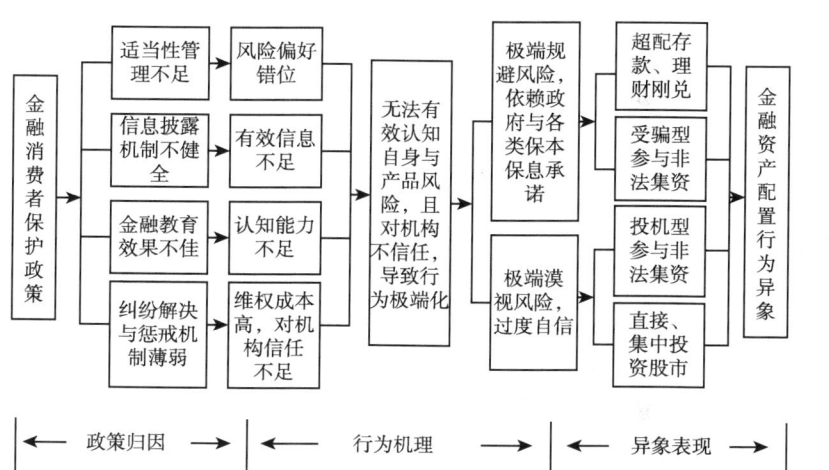

图6-14 金融消费者保护影响家庭投资行为的机理

首先，由于适当性管理不足，金融机构对投资者的风险偏好评估不够，使得消费者无法有效认知自身风险承受能力及相关产品的风险特性；其次，信息披露机制监管薄弱，消费者获取的有效信息不足，无法准确评估金融产品的风险程度；再次，金融教育不够精准，致使普通金融消费者的认知能力不足以对复杂的金融产品进行认知与评价；最后，在消费者与金融机构产生矛盾纠纷时，相应的协调与解决机制不够顺畅，而且对于金融机构侵害消费者利益行为的惩戒力度有限，导致消费者维权成本较高，对

金融机构，尤其是资管类金融机构信任不足。

普通金融消费者在上述背景下，容易产生两种极端化的金融投资行为。一方面，多数家庭极端厌恶与规避风险，要么几乎将全部资产投资于房产这类有形资产，要么以银行存款形式持有资产。另一方面，相当一部分极端厌恶风险且渴望高收益的家庭，会过度信任与依赖于政府及金融机构隐性担保的银行理财类产品，致使刚性兑付持久存在。更有甚者，由于无法识别且不愿承担风险，部分消费者具有强烈的"保本保息"偏好，以致盲目相信各类民间非法集资骗局，导致金融诈骗乱象层出不穷。另一方面，少数消费者过高估计自身的风险承受及投资能力，缺乏科学的财富管理理念与方法，热衷于短期投机与炒作行为，如短线炒股、比特币投机等等。上述两种极端行为还有一个共同特征，即对专业的投资机构普遍不够信任，不愿将自身财富委托给专业的资管机构进行管理，即使投资股票等风险性资产，也倾向于亲自交易而非购买股票型基金，这也是我国股市散户占比较高的原因之一。

（二）金融消费者保护对金融稳定的影响：以金融素养为例

金融素养状况不仅影响单个家庭的经济福祉，还会通过连锁反应影响到社会与区域金融稳定，对此，我们从家庭投资、刚性兑付以及家庭负债三个方面加以分析。

1. 家庭投资渠道

由于金融知识欠缺以及风险意识淡薄，我国家庭的金融投资行为呈现两种极端行为，一种是过于保守，将大量资产集中于银行储蓄及类似理财产品，另一种则过度投资高风险资产。随着近年来民间借贷、网络P2P、非法集资等金融业态盛行，部分家庭将主要积蓄投资其中，由此形成了不容忽视的金融安全隐患。其中最为突出的是使居民参与非法集资行为。

非法集资是未经有关部门依法批准，承诺在一定期限内给出资人还本付息。非法集资问题从2010年开始凸显，违法分子打着投资理财公司的旗号，非法吸收资金，违规操作甚至卷款潜逃。根据公安部的数据显示，2014年非法集资总案件数超过3500起，涉案金额达到1600亿元；而2015年新发非法集资案件超出6000起，涉案金额高达2500亿元。不管是案件总数还是涉案金额，都在不断攀升。

参与非法集资的投资者或者投资家庭通常不具备基本的金融概念知识和金融法规常识。面对各式各样非法集资的形式、手段和方法没有能力做出一个正确的判断。通常，非法集资都具有高利诱惑、虚假宣传以及涉及金额较大的特点。受到这种高利诱惑的投资者缺乏基本的金融素养，只看到片面的高利润，没有意识到高利润背后的高风险，或者产生侥幸心理，潜意识忽略客观存在的高风险。在这种高利的蛊惑下，逐渐将家庭资产投入非法集资公司，以谋求更大利益。这种非法集资投入一旦涉及，违约之后对于个人和家庭是毁灭性的打击，严重破坏金融市场秩序。非法集资造成风险的累积主要增加了市场非系统性风险，非系统性风险的增加极大危害了区域性金融稳定。

2. 刚性兑付渠道

刚性兑付，原指信托产品到期后，信托公司必须分配给投资者本金以及收益，当信托计划出现不能如期兑付或兑付困难时，信托公司需要兜底处理。在我国，由于历史与体制原因，刚性兑付目前不仅存在于信托产品，还存在于市场上其他金融产品，尤其以银行保本型理财产品最为突出。也就是说，当投资者买入理财产品时，默认银行作为最后的兜底机构，即投资者的一切损失全部由银行承担。

《2015消费者金融素养调查分析报告》调查发现，69.9%的调查者认为政府应在金融机构无力偿付时，政府应当代为兑付。目前刚性兑付思想存在于大部分金融消费者投资意识之中。刚性兑付的现状将会对投资者和金融机构构成潜在的危害。

首先，投资者在购买理财产品时不会把风险因素考虑进去，只看收益的高低，预期银行或者理财机构一定会兑付，一旦风险发生就到机构门前"维权"，这种"维权"的结果通常是金融机构承担损失。而全国人大常委会财经委副主任委员吴晓灵在2017年博鳌论坛上表示应允许金融机构死亡，打破刚性兑付。可见，打破刚性兑付是金融健康发展的必经之路。一旦刚性兑付被打破，投资者将面临损失本金的风险，进而会增加个人和家庭的信用及违约风险。但是这种风险是相应收益下必须承担的风险，投资者只有在具备一定的金融素养时，才能对风险进行控制或规避。

其次，对于银行和理财公司等金融机构来说，刚性兑付的存在一方面累积金融机构的信用风险，另一方面会增加金融机构的流动性风险。首先，理财产品违约风险的增加会加剧刚性兑付的压力。金融机构对于理财产品的兜底兑付，一方面可能会运用自有资金池的资金进行兑付，没有预先计提的兑付会增加金融机构的流动性风险；当金融机构资金池资金匮乏时，金融机构会向其他机构进行借贷。为了达到刚性兑付的目的，机构有时甚至会付出相当高的借贷成本，这在一定程度上加剧了机构的信用风险。

如果没有一个释放风险的出口，这种借贷成本将会持续累加，借贷额度不断上升，金融机构的信用风险也将直线攀升。当刚性兑付需求无法满足时，金融机构通过寻求第三方机构接盘或者担保方代偿的方式完成兑付。担保代偿方运用资金池资金或者自有资金代为偿还。这样一来，原本存在于发售理财产品的金融机构的信用风险会通过借贷关系传导至借贷方甚至是担保方，造成信用风险在区域金融体系的扩散、传染。严重时信用风险可能转化为违约风险,成为区域金融市场波动的导火线,威胁区域金融市场的稳定。

3. 家庭负债渠道

对于复利效应以及自身财务能力认知的缺乏,导致部分家庭脱离自身承受能力,盲目、过度负债,由此带来自身及地区金融风险。与世界主要发达国家相比,虽然我国居民整体负债水平不高,但随着近年来房价暴涨,居民负债水平也加速提高。《2015消费者金融素养调查分析报告》显示,不到20%的家庭对于个人和家庭的财务并没有一定的预先的安排,对于个人和家庭的财务情况没有基本的认识,尤其是对于个人或家庭的负债情况。调查结果显示城镇家庭的负债比例达到了35%,农村家庭相比城市还高出了5个百分点。

个人和家庭的负债目前集中三个方面:房屋贷款、消费贷款和其他用途贷款。随着城镇化的推进,高房价使房屋贷款成为个人和家庭负债的主要组成部分。就房屋贷款的用途来说,金融消费者一部分房屋贷款用于自住房,另外一部分用于投资房产。再者,信用贷款和其他类型贷款也是个人与家庭的负债的重要组成。近十年,小额贷款公司、民间借贷、互联网金融公司从萌芽到迅速发展,为金融消费者提供了多样的融资渠道。随着这些新型金融机构的加入,金融市场的竞争越发激烈。银行等传统金融机构为保持市场优势,业务发展开始触及小微企业。融资渠道的多元化以及金融市场的过热,使一部分金融消费者开始通过多样的渠道进行融资,将资金投入经营创新性业务或者投资于金融市场,以获取高额利润。盲目追求高额利润造成一定程度上家庭过度借贷。

过度借贷抬高了个人和家庭的财务杠杆,很小的经济波动或者偏差都有可能造成其资金链的断裂，从而引发个人或家庭的违约风险。

从宏观经济周期角度看，在经济上行期，资产价格不断上涨，个人与家庭的高杠杆率会为家庭带来高额收益；但是在经济下行期，资产价格下挫，个人与家庭不仅会损失自有资金，借贷资金也会受到侵蚀。另外，借贷资金的使用成本会使个人与家庭的财务状况雪上加霜。因此，在经济周期处于下行期时，高财务杠杆家庭将面临巨大的信用风险。

从微观财务状况看，个人偿还能力与家庭信用风险的发生紧密关联。然而，目前金融消费者对自身偿还能力评估相对主观。在借贷时，并没有对自身的还款能力做出合理的评估。这种非理性评估会造成个人借贷金额超出还款能力，进而增加个人或家庭的违约风险。再者，还款能力的波动性在预估还款能力时通常被忽略。个人家庭收入上升时，不会对还款能力产生影响。但是，在个人家庭收入下降或者遭遇意外变故时，个人和家庭的还款能力急剧下降，影响其负债及时偿还，损害家庭信誉。

过度负债会大大提高个人和家庭违约风险的发生概率。一旦个人和家庭出现违约，信用破产，家庭利益受到巨大的损失。尤其在经济下行时期，群体性抛售价格下跌的资产会造成金融机构的呆坏账急剧攀升，金融机构遭受信任危机，金融市场风险以极快的速度扩散，形成区域性金融风险。另外，由于个人家庭将借贷资金投入创新企业或者跨行业的新兴业务，也会带来跨行业的交叉风险。

综上，以金融知识及风险意识为核心的金融素养，通过家庭投资、刚性兑付及家庭负债三种机制，直接或间接影响金融稳定，集聚系统性金融风险。

第七章
国际金融消费者保护的经验借鉴

本章围绕金融消费者适当性保护、信息披露、金融教育及金融纠纷解决机制四个方面，梳理国外金融消费者保护的主要经验，为进一步完善我国该领域的相关政策提供借鉴。

一、金融消费者适当性保护

金融产品适当性原则起源于20世纪30年代的美国，经过漫长的发展历程，现已在美国具备一定的理论和实践基础。2008年全球金融危机过后，很多国家开始聚焦于此，并在产品适当性制度建设方面呈现出了一些共性趋势和模式。根据胡雪（2018）的介绍，这些共性特征具体包括：

（一）产品适当性法律体系

在美国，金融产品适当性原则最初是为规范证券市场经纪商的行为而确立的商业道德准则，而后逐步增加行政监管和私法救济维度。美国自2007年成立金融业监管协会以来，发展继承并补充了原美国证券交易商协会于 1939 年制定的"券商须有合理依据确认其推荐适合投资者"之规则,并在多年的实践中将适当性义务的适用主体从证券业扩展至银行、保险、信托等行业;美国证券交易委员会则在监管语境下提出"'了解投资者'是券商的义务,券商不得在未获得客户财务资料前推荐产品";2010 年颁布的《多德—弗兰克法案》更是强调要完善适当性义务管理的规则体系。

欧盟、日本、新加坡和中国台湾亦大体上沿用了这种私法与行政并举以及渐进式扩展适用范围的思路:欧盟于 2014 年 5 月修订颁布的《金融工具市场指令(二)》把产品适当性评估纳入一般性义务的框架,在金融产品和服务日益复杂的情况下,更好地实现了"一般性义务"和"个性化推荐"的责任平衡。日本于 2000 年颁布的《金融商品销售法》和 2006 年颁布的《金融商品交易法》分别明确了金融机构销售环节中的"劝诱"行为规范、说明义务以及产品适当性义务的移植与范围扩展,从而将行为监管的规则上升至私法层面。新加坡于 2007 年修订颁布的《金融顾问服务法案》侧重从强化信息披露和推荐行为的合理依据角度阐释适当性原则;新加坡金融管理局亦发布《公平交易指导原则》和《金融顾问规则》,从产品尽职审查和属性分析入手,识别和评价产品对目标客户群的适当性。中国台湾则在 2011 年颁布的《金融消费者保护法》中,将适当性义务的适用范围从原先的期货交易扩大至整个金融服务领域,并在专门的条款中以列举外延的方式对该项义务的适用除外进行说明。

(二) 客户分类与转换制度

金融产品在某种意义上是一种信息产品,各辖区的金融消费者保护立法基本上都是围绕"信息权利和义务"这一核心问题来构建的。目前,很多国家和地区采取的客户分类制度正是为了更恰当地履行信息提供义务而设立,其本质是根据客户不同的专业知识、经验和技能进行分类,并依此确定不同类型的客户应受的保护程度,外化体现为不同级别、不同层次的信息获取和提供。欧盟于 2004 年 11 月颁布的第一版《金融工具市场指令》将投资者分为"专业客户"和"零售客户":其中的"专业客户"是指具有投资决策和风险评估经验、知识和专业技能的客户,主要指自我保护能力较强的机构投资者;"零售客户"则以"非专业客户"的排他模式来界定,主要指自然人,也包括部分抗风险能力较差、处于信息弱势地位的中小型金融机构;在"专业客户"类别项下又细分出专业能力更强的"合格交易对手"。上述三类客户受保护程度最高的是非专业的零售客户,专业客户次之,合格交易对手受保护最少。该指令附录部分还规定,"零售客户"在能力和规模壮大的条件下有权申请转化为"专业客户",但金融机构应明确告知申请者,这种转化将使其受到的保护程度相应地降低。

日本在《金融商品交易法》中也将客户划分为"特定投资者"和"一般投资者",并规定了两者在一定严格条件下的相互可转化性和不可转化性,以及同一投资者在不同类型金融机构中的分类调整。中国香港证监会在其发布的《持牌人或注册人操守准则》中同样将投资者分为"专业投资者"和"普通投资者"两类,其中又把"专业投资者"进一步划分为"专业机构"和"高资产净值投资者",并在后续评估条款中要求持牌人或注册人加强投资者适当性管理,还要对两年或以上停止买卖产品或停止交易的高资产净值投资者进行重新评估和分类。

(三)建立合理的适当性评估框架

该框架中的基本原则是指"客户利益优先"原则——这是产品适当性义务中处于最顶端的要求。欧盟在《金融工具市场指令》中规定，金融机构应以保证客户利益为首要职责，不得过度推荐或代为购买最有利于机构自身的产品；修订后的《金融工具市场指令（二）》增加"最优执行"义务来确保以最有利于客户的条款执行客户指令。英国金融行为监管局在其《经营行为准则》中将此原则表述为"客户最佳利益规则"；澳大利亚则在2009年修订颁布的《公司法》里明确规定"客户利益最大化""客户利益高于金融机构及其关联方利益"。

适当性评估框架中的一般性规则主要由四大要件构成，包括：

一是"了解你的客户"，即金融机构应了解客户的消费目标、相关投资知识和经验、财务状况及风险偏好，让客户在交易前充分知悉产品特性和风险，确保所推荐的产品与客户的风险承受能力相匹配，这一点在本章中各辖区的立法中均有一致体现。

二是"了解你的产品"，即金融机构应全面了解自己的产品，并持续性地针对产品性质、结构、运作方式和风险要素等开展尽职审查。在这方面，欧盟、澳大利亚都建立了产品分类机制，欧盟把产品分为复杂和非复杂金融产品，澳大利亚则分为内部产品和外部产品（分别指金融机构利益关联方和非利益关联方生产的产品）。

三是推荐方式的恰当性，指金融机构不得以虚假夸大、不当承诺、故意诱导、不实说明等方式向客户推销产品或服务。各辖区立法中对此均有涉及，特别是日本和韩国对金融机构销售环节中说明义务的规定和对劝诱行为的禁止堪称范例。

四是"合理依据"义务，即金融机构销售人员须有充足的理由和依据证明其推荐的产品是适当的，不仅要在产品销售过程中采取记录手段，还要在售后阶段以书面形式全面披露其推荐的依据。例如，英国不仅要求披露"合理依据"的说明报告，还对报告的格式和内容有严格的要求。荷兰要求金融机构的任何推荐建议都要记录在卷、有据可循。澳大利亚更是该项义务的积极践行者：以澳大利亚金融行为监管当局 ASIC 于 2018 年 2 月开展的金融咨询行为专项检查为例，虽然 ASIC 无法证明客户在接受咨询建议后一定会导致不良后果，或者说无法证明投资顾问推荐的产品一定不合适，但由于被检查机构的销售人员"未能证明其充分研究和考虑过客户当下持有的金融产品，亦未能证明其所有的判断均基于客户的相关情况"，ASIC 仍然认定其缺乏"合理依据"说明，从而违反了适当性义务。

量化范畴则蕴含两层意思：一是对金融产品数量、金额以及交易频率的规定。美国和欧盟均规定金融机构在销售产品过程中要充分考虑客户可承受的数量范围和交易频次，不得利用客户账户从事过频或过度交易，美国还详细列举了认定过频和过度交易的具体标准。二是对金融产品适当与否的量化评估。这里仍以澳大利亚 ASIC 开展的金融咨询行为专项检查为例：ASIC 没有停留在销售人员是否进行了信息披露、风险提示或客户是否签字确认这种形式上的检查，而是分别量化对比了被检查机构的产品目录构成，以及零售客户在获得咨询建议后投向内部、外部产品的资金占比。对比结果发现，在接受咨询建议后，约有七成的客户资金投向了原本仅占两成的内部产品，这些被检查机构明显未能有效进行利益冲突管理，违背了"客户利益高于金融机构及其关联方利益"之原则。在判断是否构成违反适当性义务的问题上，前文中的八个辖区均遵循从严掌握的原则，即：从"客户利益优先"原则到一般性规则，再到量化范畴，这些适当性评估框架中的构成要素缺一不可；无论推荐的产品适当与否，只要金融机构销售人员缺少或违反上述评估框架中的任何一个环节，即构成违反适当性义务。

二、金融产品信息披露

（一）商业银行信息披露

根据中国人民银行内江市中心支行课题组（2018）对域外商业银行理财产品信息披露制度的介绍，美国、日本与英国高度重视商业银行零售业务信息披露，形成了较为成熟的经验。

1. 美国商业银行理财产品信息披露

（1）立法。美国以金融消费者立法来覆盖对理财消费者的保护，在理财产品的金融消费者知情权保护方面，金融机构负有强制性披露信息的义务。如美国出台的《金融服务现代化法》规定了金融机构负有保护客户隐私的义务，强调"效率与竞争"的观念，规定信息共享是基本，并制定了严格的信息披露制度；《多德—弗兰克华尔街改革和个人消费者保护法案》对金融消费者的权益尤其是知情权予以特别保护。美国现存的《信贷机会公平法》《诚实信贷法》《据实披露存款资料法》等立法都明确涉及向金融消费者进行信息披露的内容、格式、语言规范与信赖义务的履行、风险的提示等保护金融消费者知情权的内容。此外，相关法律还分别规定了金融机构在理财产品发售前和发售后应当分别履行的信息披露义务的具体内容。

（2）监管。为了对商业银行理财业务进行有效的风险控制，美国有着严格且细致的金融监管和市场约束体系，分为两个阶段：第一阶段是联邦与州的双重监管模式，第二阶段是根据理财类别进行多头监管的模式。美国在次贷危机之后基于加强对金融消费者保护的立法目的，于 2010 年 10 月出台了《多德—弗兰克华尔街改革和消费者保护法案》，该法案对金融机构信息披露义务的规定更加严格，确立了保障消费者在金融交易过程中获得的信息准确、及时、有效，以保证金融消费者不受不公平对待的目标。其中，包括应披露相关金融产品的成本、收益和风险；规定了金融机构履行信息披露要遵循语言简单易懂、解释清晰明确的标准等。此外，该法案对金融消费者的维权处理进行了具体的规定，如金融消费者投诉热线，对金融监管机构包括消费者金融保护局、审慎监管机构及其他有权机构就金融消费者的投诉和咨询及时进行反馈与监管。

2. 日本商业银行理财产品信息披露

（1）立法。日本监管机构相当重视对理财产品信息的披露，其在2001年和2006年先后发布的法规中确立了披露信息要关键、简单明了的标准，并对金融机构销售理财产品的说明义务作了详细的规定，指出了信息披露的具体内容，而且将投资者分成了不同的类型，针对不同类型的投资者，信息披露要求也不同。如《金融商品销售法》相关条款规定，经营者应在考虑顾客所具有的知识、经验及其财产状况等的情况下，用客户能够理解的方式履行说明义务；金融机构没有向消费者就重要信息进行告知说明，或者向消费者提供了肯定判断，影响消费者的自主决策时，金融机构应当承担由此造成损失的赔偿责任。相关条款的规定使得消费者在商业银行没有履行相应风险提示、信息披露等义务而造成损失时，可以这些法律条款为依据，直接通过仲裁、诉讼等途径要求商业银行赔偿损失，维护自身合法权益。

（2）监管。针对理财产品的信息披露，日本确立了风险预警机制。《金融产品交易法》以消费者的利益为出发点，规定银行理财人员必须严格按照相关规定销售理财产品，否则将承担相应的责任，通过规定相应的义务性条款和禁止性条款对金融机构的行为进行规制。具体而言，《金融产品交易法》针对广告规制、合同缔结前的书面交付义务、书面解除、禁止行为（虚伪告知、断定的判断提供、不招请劝诱禁止）、损失填补、适合性原则等各方面确定了行为规范；其他行业法（如银行法、保险业法、信托业法）均准用此行为规范，接受同样的行为规制，以保证行为规则的统一性。此外，理财人员应当按照规定向理财投资者就理财产品的相关信息进行披露，包括理财产品的风险收益等信息，不得有虚假介绍、不得故意隐瞒产品实际风险信息、不得故意夸大收益、不得诱导理财产品投资者进行指定的投资，应当遵循投资者的个人意向。这也是商业银行在销售理财产品产生纠纷的过程中举证免责的前提条件。

3. 英国商业银行理财产品信息披露

（1）立法。英国为保护金融理财投资者的合法权益，先后制定了《公平交易法》《消费者信用法》《金融服务与市场法》等法律。《金融服务与市场法》的出台意味着英国完成了金融业的变革。关于信息披露义务，有以下规定：持续整个金融交易过程中，包括金融理财产品交易缔约之前以及缔约时应对理财产品的风险、收益、金融机构的资质要件等方面向理财产品投资者进行详细说明；此外，英国要求金融机构向理财产品投资者提供理财产品比较表，对不同理财产品进行比较，并规定了金融理财产品投资者的冷静期制度。

（2）监管。在金融自由化浪潮爆发以前，英国对商业银行个人理财业务风险控制实行的是"对银行和持牌接受存款的金融机构进行区别对待的双轨制"模式。随后，英国政府成立了金融服务局，开始实行一体化的金融风险控制，通过法律对监管对象、职责及措施等进行统一规定，避免各监管机构由于监管标准不一带来的不公平竞争。将金融机构按不同性质进行区分，不同金融机构采用不同的监管规范。此外，金融服务局作为英国的金融监管机构，在金融消费者权益保护方面开展了诸如"金融申诉专员服务计划""金融服务理赔计划"等一系列举措。理财产品投资者对于纠纷的解决不仅可以通过诉讼的方式解决,还可以通过诉讼外的申诉调查员制度来维护其合法权益。

(二) 互联网金融信息披露

伴随互联网金融快速发展,各国普遍高度重视该领域的信息披露监管,并结合本国法律制度环境,各有侧重地制定了不同的监管规则。邱灵敏(2018)较为全面地介绍了美、英两国的具体做法。

1. 美国互联网金融信息披露监管规则

美国公募股权众筹《JOBS 法案》对发行人规定,需要提供投资风险和其他材料相关的信息披露:(1)经营财务状况的介绍;(2)目前业务情况说明介绍和未来商业安排的可能性;(3)针对目标发行额,对融资发行收益的目的和资金使用规划的明确说明;(4)董事、高管和具有相似职能和职位的管理者的姓名、教育程度、经济状况等信息介绍;(5)融资者的基本信息,如居住地理位置、名称、法律身份及网站地址等信息;(6)对融资者的资本结构和所有权地介绍;(7)其他相关信息:如当融资者出现重大信息遗漏或虚假的情况下,投资主体可以要求退回资金,或者起诉请求损害赔偿;(8)公布向公众定价方法或发行的价格,并且以书面形式向每位投资主体提供最终价格在发售前,确保投资主体拥有撤销的合理机会;(9)定期更新目标发行额截止日期,融资者融资进展情况。信息披露的内容和范围包括金融和非金融信息两个部分。其中非金融的信息披露主要是收益使用、风险因素、业务描述等方面。发行额度的大小决定了金融方面的信息披露。如发行额度小于 100 万美元大于 50 万美元的,需要提供的财务报表必须经过审计部门审核。发行人的发行额度大于 10 万美元小于 50 万美元的,需提供按照 SEC 设定的程序审核及专业标准,且经独立于融资人的公共会计师的财务报表。

美国相关法律法规规定若信息披露主体没有依照规定进行披露，需承担违规披露的责任，主要是刑事责任和民事责任（邱灵敏，2018），如第三方支付机构。一是刑事责任。假如支付机构故意披露虚假和不实的信息，不依照监管机构所发布的要求进行披露，会受到相应处罚1年以下有期徒刑或5000美元以下的罚金。二是民事责任。假如机构不依照相关的规定进行披露而给投资主体造成损失的，根据《电子资金划拨法》的规定，支付机构需赔偿投资主体的实际损失金额另赔付个人诉讼费用100美元至1000美元的罚款。因此，美国对信息披露主体有较完整的披露要求，同时建立因信息披露主体的规避行为而必须承担责任的法律规定。在美国公募股权众筹《JOBS法案》中规定，不能举证证明该发行人确实不知晓，以及在尽到合理注意义务后仍不知晓该不实陈述或遗漏的，便需要承担相应责任，另责任人的承担范围也是不断在增加。

2. 英国互联网金融信息披露监管规则

（1）对借款人严格限制条件和明确规定。其义务在2014年3月，FCA正式发布的《关于网络众筹和通过其他方式发行不易变现证券的监管规则》（以下简称《众筹监管规则》）在信息披露方面规定P2P平台对利率的说明必须做到要无误导、公平、清晰，对其所从事的业务必须明确告知消费者，并在平台上只要做出跟投资建议有关的都视为金融销售行为，且对金融销售的相关规定也必须遵守。

全球第一家互联网金融平台Zopa公司，是英国也是欧洲最大的互联网金融网络借贷平台，其坏账率较低，运营情况一直比较稳定，这便要求P2P平台定期须向FCA报告相关情况，以及英国具有优质的借款人和完善的监管体制是息息相关的。Zopa

公司明确规定借款人的权利和义务，对其有严格的限制条件。一是借款期限是根据借款人的借款金额限定为两类分别是4—5年和2—3年，具体选择何种类别由借贷双方自由沟通决定，在借款期限没有约定的情况下，借款期限需与借款金额成正比。二是对借款人自身的规定，借款人必须是英国公民身份并满三年，年龄不能少于20周岁，年收入要高于12000英镑，并且信用情况要良好。三是Zopa公司向借款人收取手续费与我国规定的时间不一样，英国是在对借款人的借款请求审核通过就可以向借款人收取手续费。四是借款金额，Zopa公司对借款人最高的借款额度没有进行明确要求，但规定最低的借款额度不能少于10英镑。

（2）金融反欺诈协会。在《众筹监管规则》发布之前，英国P2P网贷监管更加注重宽松的非审慎型监管，关注平衡效率与安全的问题。2011年通过制定P2P借贷行业准则来规范运营模式和加强风险防控。同时，Zopa等P2P公司加入英国最大的反欺诈协会，以期尽早地发现可能出现的欺诈行为。

（3）信息披露重点是财务披露。如英国对第三方支付机构的披露要求。在英国的立法体系下，第三方支付机构按照电子货币要求进行监管，因为在英国第三方支付机构被当作电子货币的融资者。英国法律规定，第三方支付机构须取得在金融服务局（Financial Service Authority）完成注册后，才可以进行第三方支付的业务。因此，英国电子货币中关于信息披露义务相关法律规定也是对第三方支付机构信息披露义务的规定。英国的监管机关是通过对第三方支付机构发行的电子货币进行监管，其支付额度是利用第三方支付机构的沉淀资金来确定。这些电子货币会计入货币体系的一部分，因为这些电子货币从经济学角度是作为等量的法定货币的替代物。这样，英国对第三方支付监管的模式主要是对资金上的信息披露，表现为对收费、赎回、利率、汇率等内容的披露。因此,英国对披露主体的披露义务在相关法律法规上进行了较明确的规定,并有一套相对完善的对信息披露主体违规违法惩罚机制。同时通过金融反欺诈协会,可以尽早地控制金融欺诈行为。

三、金融教育

对于消费者金融教育,美国政府及民间一直高度重视,尤其是在次贷危机爆发以后,美国地方、州、联邦政府、社区组织、公司、金融机构、银行、教堂、初等和高等教育机构以及军事机构均开展消费者金融教育的项目(肖经建,2017)。

据美国政府会计总署估计,美国政府在2010年用于有关消费者金融教育的费用为6800万美元。另外,美国在住宅咨询项目(其中含有金融教育的部分)的费用为1.37亿美元。在联邦政府层面,两项法律规定了消费者金融教育的开展。在《公平和精确信用交易法》条款V的指导下,美国在2003年通过《金融知识和教育改进法》,成立了金融知识和教育委员会(FLEC)。这个委员会的金融知识策略集中针对:对增加的金融知识和有效的金融决策的需求;通过所需要的教育努力来达到这些有意义的目标。委员会包括22个联邦政府机构,财政部为委员会主席。在这个法律的要求下,2003年以来,美国会计总署已发布了十几个有关全国金融知识教育发展和改进推荐意见的报告和证言。2014年的报告列举出13个消费者金融教育项目的教育目标,也包括3个含有金融教育部分的住宅咨询项目。该委员会还创建了一个电话热线(1-888-My Money)和一个网站(mymoney.com),发布22个联邦部门开发的金融教育资源和工具供公众使用。它也汇总了全国关于消费者金融教育开展和评审研究的成果,供研究者和实践者使用。

在 2010 年《多德—弗兰克华尔街改革和消费者保护法案》的规定下，美国成立了消费者金融保护局（CFPB）。这个新的机构成为金融知识和教育委员会的新成员，而消费者金融保护局的局长成为金融知识和教育委员会的副主席。消费者金融保护局的中心使命是推广全国金融知识策略，并已经开展了一系列项目来帮助消费者掌控他们的金融生活。该局的金融教育办公室在其消费者教育和参与其中。该局集中研究：确定如何测量金融福利和如何识别与有金融能力消费者相关的知识、技能和习惯；评估现有改善金融决策和结果的方法的有效性；开发和评价新的和创新的帮助消费者进行金融决策的方法。

民间的消费者金融教育项目种类很多，有一类是针对中小学生的。个人金融知识启动联盟是一个公立—私立组织的联盟，20年来，每两年发布关于美国高中四年级生不及格的金融知识分数。这个联盟的成员是 80 多个教育、企业和政府组织，其使命是提高中小学生的金融知识，特别是通过推广使用它制定的对从幼儿园、小学到高中的金融知识标准。这个联盟在各个州推行它的使命并取得成效。2014 年，43 个州在其中小学教学内容中要求加入个人金融的内容。相比 1998 年这样做的只有 21 个州；35 个州要求实施个人金融的内容，相比 1998 年只有 14 个州。与此同时，1998 年没有任何州要求高中生通过个人金融的考试，现在已有 19 个州有这个要求。全国金融教育基金（NEFE）也开发和开展了对中学和大学的金融教育项目，并提供对消费者金融教育的研究提供研究基金。越来越多的大学也开展消费者金融的教育。在一个对 200 所大学的调查中，65% 有金融教育项目，43% 预计在 12 个月内开展这方面的项目。另一项调查发现，90% 的来自 36 个州的大学财务资助管理人员表示他们通过面对面或者在线课程进行消费者金融教育（肖经建，2017）。比较常见的教育主题为贷款支付、预算和信用。

也有一些教育项目以大众为对象。联邦存储保险公司（FDIC）的"金钱聪明"项目有10个模块，包括一些基本的金融主题，如预算、储蓄和信用管理。他们也邀请其他组织成为合作伙伴、使用和改用这个项目。一些金融机构也积极参与了消费者金融教育的活动。在一项对美国576个信用合作社的调查中，61%表示开展了个人金融教育的课程，通过8000个信用社的课程，15万成年人受到了教育。同样，97%受调查的零售银行表示，他们资助了和通过合作伙伴支持了金融知识教育的项目。

许多公司开展的金融教育活动包括退休计划和储蓄的训练。有研究表明，几乎60%的公司对他们的雇员开展金融教育，21%表示他们将在12月内开展这些教育计划。在这些教育计划中，退休规划是最常见的主题，其次为雇员援助项目和投资规划。在职金融教育活动方式包括咨询、座谈会、在线学习、工作坊、福利大会或内部通讯。

消费者金融教育也出现在房屋购买和拥有项目。这个包含消费者金融教育的项目历史悠久，并扩展了它的教育目标，如增加储蓄和减少债务。据一个早期的研究表明，1000多个组织从各种基金会得到资助来开展这些项目。

四、金融纠纷解决

对于金融纠纷解决机制，各国采取的做法有所不同。吴弘（2015）详细介绍了美国与英国在该领域的典型经验。

（一）美国经验

次贷危机让美国的金融监管模式陷入了巨大的争议中，经过各方反复的利益博弈，《多德—弗兰克华尔街改革与消费者保护法案》（以下简称"法案"）最终出台，该法案突出的亮点是在美联储下设立消费者金融保护署（CFPB），进行消费者金融保护。

CFPB 进一步整合和强化了分散在各金融管理机构的纠纷解决权力，其纠纷解决方式是美国金融纠纷非诉讼解决方式最新改革的重要标志。法案具体规定了 CFPB 集中收集、监管和回复消费者投诉的权力，国会的意图很清晰：使 CFPB 成为消费者投诉的简单端口，避免分业监管带来的弊端。CFPB 作为消费者第一个接触的投诉平台必须是有用的，因而 CFPB 的设立解决了如何处理投诉的问题，从这一点来说，相对于以前的制度而言，CFPB 明显体现了进步。从 2011 年 7 月接受投诉起到 2014 年 2 月 28 日，CFPB 已经处理了大约 309700 件消费者投诉，投诉量呈现持续增长态势，从 2012 年的 91000 件上升到 2013 年的 163700 件，增长了 80%。

除了处理纠纷的职责以外，CFPB 的另一职责是监管或是跟踪纠纷。这一目标的实现途径主要依赖于消费者投诉数据库，在公司对投诉作出回复后或者收到投诉 15 天后，任一条件成立时，投诉将被列入数据库，如果一家公司有证据表明它是被误认的投诉对象，则直到发现准确的投诉对象时，投诉的信息才会被公开，投诉信息不符合公开的标准也将会被删除。来自数据库的信息一直被社会媒体分享和评估并用作其他的新用途。例如，在 2012 年，CFPB 依职权通过数据库，就是否增加其他消费金融产品和服务的投诉类型征询公众意见，数据库不包括消费者的身份信息，以网络为基础和用户合理使用为特征的数据库的作用，包括：以特殊研究标准过滤数据，以不同的方式集合数据，比如通过投诉的类型、公司地理位置、日期或者任意可供选择的任意组合下载数据。

监管职责不仅要求 CFPB 处理纠纷，还必须对纠纷的来源、内容和处置方式作一些研究。监管职责的一方面体现为，CFPB

必须向国会提交前一年度的年度纠纷报告，报告中应包括对纠纷数量、类型、解决方案的分析，这种监管模式并不是"追踪"任何特殊的投诉研究解决方法，而是与收集任务一起来确保CF-PB一直在"聆听"公众对于金融产品的负面体验。监管职责的另一方面是需要与其他审慎监管者共享消费者投诉信息，如联邦贸易委员会、其他联邦机构和州机构。这些机构同样也需要与CFPB共享它们的消费者投诉信息，监管机构之间的数据共享促进了CFPB的监管和执行活动，帮助它监管消费者金融产品和服务市场。数据共享的设计让CFPB对消费者的投诉有全面了解，从而改进对金融机构的监管不力。

法案同时也意识到对于某些类型的消费者投诉而言，CFPB可能不是合适的监管者，它应该与联邦贸易委员会、其他联邦机构或者州监管机构合作按规定将有关纠纷移送这些机构。此外，CFPB还同各州的银行监管机构签署了谅解备忘录，为联邦和州之间在消费者金融产品和服务提供者监管方面的协调与合作奠定了基础。

（二）英国经验

2001年，英国《金融服务与市场法》颁布施行，在对原有金融业督察组织进行整合的基础上，英国设立了统一的金融督察组织——金融督察服务公司（FOS），其裁决只对被投诉金融公司有拘束力，消费者可以不履行裁决，对裁决不满意消费者还可以继续向法院提起诉讼。同时，FOS将金融公司内部纠纷处理程序作为前置程序，纠纷发生后，投诉人首先要向金融公司进行投诉，只有不满意金融公司的处理或在规定的一定期间内未收到处理结果的，才可以向金融督察服务公司投诉。

金融督察服务计划拥有三类管辖权：强制管辖权、自愿管辖权及消费者信用管辖权。FOS可受理的争议范围基本上涵盖了整个银行、保险、投资业的各项金融服务业务。全球金融危机发生后，英国政府对其金融监管体制进行改革对原有的金融服务法案进行修订并产生了2012年《金融服务法案》，该法案对英国金融监管体系进行了彻底改革，撤销了FSA，将其职能分拆由金融行为局（Financial Conduct Authority，FCA）和审慎监管局（Prudential Regulation Authority，PRA）两个机构分别承担。该法案对金融申诉专员服务公司的工作流程进行调整。FOS不应披露投诉者的姓名或者以FOS的判断认为能识别投诉者身份的细节，FOS如果认为自己掌握的信息有助于FCA推进其一项或多项操作性目标，包括推进有效竞争、金融消费者保护等，则必须向FCA披露该信息，通过明确FCA的规则制定权，规定FOS的信息披露义务。

为了加强FCA和FOS之间的合作和协调，2012年，《金融服务法案》多个条款对此予以了规定，从而将消费者保护领域的监管协调法定化、常态化、透明化。2012年，《金融服务法案》规定了FOS与FCA的关系，包括：当它们履行职责时，FOS和FCA必须采取适当的措施相互合作；FOS和FCA必须准备和维持备忘录，说明它们准备如何进行监管协调；FOS和FCA必须确保生效的备忘录以最能引起公众注意的方式披露。

五、美国对智能投资顾问的监管经验

智能投资顾问工具的采用，激发了人们对金融专业人士的角色以及金融中介与客户之间关系发展的讨论。在提供投资建议方面，金融专业人士将与智能投资顾问工具联合扮演什么样的角色呢？投资者在多大程度上能依赖于智能投资建议呢？软件对客户的了解有多清楚呢？受过良好训练的金融专业人士提供的技能、知识和服务能被纳入到软件中吗？这个软件能提供良好的个人建议吗，特别是对于那些有更复杂的建议需求的客户？

很明显的是，许多证券公司为客户提供投资建议的技术水平将会增加。考虑到这一点，金融监管当局《关于智能投资顾问的报告（2016）》介绍了对于智能投顾监管的核心问题及主要做法，用以提醒经纪自营商在金融监管当局规则下的义务并分享使用智能投资顾问相关的有效方法，包括技术管理、投资组合开发等。

（一）智能投资顾问简史

金融专业人士多年来一直使用智能投资顾问工具。这些工具可以帮助金融专业人员在上面描述的价值链的每一节点上制作投资者简历、准备建议和购买材料、开发资产配置或向投资者推荐特定的证券。这些建议可能是针对个人证券、定制的投资组合，或者是为投资者提供预先打包的投资组合。此外，智能投资顾问工具可以帮助制定建议、定期调整投资者的投资组合，或支持税收减免。金融专业人士使用的工具可以由他们所在的公司开发，由他们公司从第三方供应商那里获得，或者在某些情况下，由金融专业人员自己购买。

在20世纪90年代末，直接面向投资者的投资工具的规模开始扩大。一些公司开始在网上提供资产配置工具。金融监管当局将投资分析工具定义为一个"交互式技术工具"，它可以模拟和统计分析如果进行某些投资或采取某些投资策略会出现的各种可能的投资结果。

在2008年金融危机之后，一些新进入者开始向消费者提供广泛的智能金融工具，包括投资咨询工具。许多这些公司都扎根于技术产业，并对技术在金融服务中的作用提出了新的观点。这些公司以前所开发的面向客户的智能投资工具只适用于金融专业人员。不同的智能投资工具中人为参与程度差异较大。有些公司仅利用这些软件与客户进行纯智能互动，而另一些公司则提供可选或义务的专业金融服务。

根据美国金融监管当局《关于智能投资顾问的报告（2016）》，证券行业的参与者都在积极响应智能投资顾问策略。一些参与者正在开发或收购面向客户的投资咨询工具，而其他一些人正在开发或收购面向金融专业人士的工具，以增强他们为客户服务和更有效竞争的能力。一些后者所使用的工具包括高级分析工具——评估客户风险承受能力或投资组合风险——在某些情况下，使用界面还可以让金融专业人士在网上向客户提供信息。供应商经常将这些工具定位于为金融专业人员与客户进行更深入、复杂的讨论奠定基础。

（二）治理与监管

投资建议的治理和监管是金融监管当局在指导中反复出现的话题，对于智能投资顾问工具也同样适用。金融监管当局关注的是两个领域的治理和监管：驱动智能投资工具的计算方法；客户投资组合的构建，包括可能出现在这些投资组合中的潜在利益冲突。

1. 计算方法

计算方法是智能投资顾问工具的核心组成部分。他们使用各种金融模型和假设，将数据输入价值链的每一步的操作。算法将输入转化为产出的方法应该反映出公司对某一特定任务的解决方法，比如分析投资者，重新平衡账户或执行税收减免。如果一个算法的设计很差，或者没有正确编码，它可能会产生偏离预期的结果，并对许多投资者产生不利影响。

因此，公司有效地管理和监督他们在智能投资顾问工具中使用的算法是至关重要的。在最基本的层面上，公司应该评估一种算法是否符合公司的投资和分析方法。例如，许多面向客户的智能投资顾问工具都是基于现代投资组合理论的规则。

即使面向客户的投资顾问工具采用同样的方法进行投资，

也可能会产生非常不同的结果。Cerulli Associates 将一位名义上 27 岁的人的资产配置通过 7 个面向客户的投资顾问工具进行了比较。股权分配高达 90%，低至 51%；固定收益分配为 10%—40%。

这些例子强调了公司的重要性：理解他们所使用的算法中嵌入的方法，包括预期回报的潜在假设，以及这些方法中存在的偏差或偏好；评估这些方法是否反映了公司想要的方法。

另外两个领域的智能投资顾问——客户风险公差评估和投资组合分析——强化了经纪自营商对他们自己的智能投资顾问工具建立和实施有效的管理和监督的必要性。金融监管当局回顾了一些旨在帮助金融专业人士理解投资者风险承受能力的工具。在某些情况下，这些工具也会分析投资者的投资组合与投资者的风险承受力及目标是否一致。

金融监管当局还审查一些工具是否帮助金融专业人士和他们的客户了解潜在冲击对客户投资组合的影响，如油价下跌、全球衰退或地缘政治危机。谨慎的治理包括对这些工具使用的分析方法的理解，包括所做的关于冲击事件对各种资产价格变动的相关性的影响假设，以及其他因素。

对工具所使用的算法的理解，也包括理解其可能不适合的情况。例如，将税收损失收集算法应用到已婚客户的一个账户上，如果不充分考虑这对夫妇的投资组合，该算法可能会产生无法使用的实现损失。

智能投资顾问工具依赖于生成结果的数据和算法。因此，有效的治理和监督框架对于确保得到的建议与证券法和金融监管当局规则一致是很重要的。这样一个框架可以包括：

初级评审：评估工具使用的方法，包括任何相关的假设，是否适合这个任务；了解将会输入的数据；测试输出的结果以评估它是否符合公司的期望。

实效评审：评估工具使用的模型是否与市场和其他条件相适应；定期测试该工具的输出结果，以确保它按预期执行；监督负责检查工具的人。

金融监管当局强调，一个注册代表使用智能投资顾问工具来帮助提供建议，必须符合合适的规则和要求，不能完全依赖该工具。

经纪自营商被要求监督他们所从事的业务类型。作为这种监管的一个组成部分，经纪自营商应该考虑到提供的建议的性质，并且从智能投资顾问工具中也能得出这样的建议，那么将对这些工具的审查是有用的。

除了上面讨论的有效实践之外，企业还应该能够解决其他问题：是独立的第三方测试的方法吗？公司能否向监管机构解释该工具是如何工作的，以及它是如何符合监管要求的？工具的输出结果偏离预期值时是否有预警报告，如果是这样，触发此类报告的参数是什么？

在金融专业的背景下，以下问题也相关：在金融专业人士使用该工具之前，公司需要什么样的培训或测试？金融专业人士对于测试不同的情况和假设有什么自由裁量权？公司是否审核与该工具的产出结果不一致的金融专业人士的建议？

根据金融监管当局的调研，相当数量的金融实体建立特定形式的委员会机制来执行以下功能：监督算法的发展与应用；参与第三方工具的尽职调查；评估算法在各金融实体的投资组合工具中可应用的场景。根据每个金融实体的具体状况，这个委员会机制可能是经纪商的一部分或是附属机构。

举个例子，一家公司允许注册代表使用面向金融专业人士的智能投资顾问工具，但是要求所有该类型的工具都执行一项深层审查和认证流程。其结果导致该公司最终只使用两个经过公司认证的智能投资顾问工具。这类认证流程包含负责技术的员工严格检验流程是否合规。该审查包含了软件的内部测试,供应商测试,以确保诸如问卷打分和结果等基础项目的表现不低于预期。此外,这类工具也被整合进公司的技术构架,用户权益的保护也在监管之下,在公司内部的浏览器系统的范围内运行,以作为应对网络攻击的附加保护。这类工具通常要接受每日测试,作为公司整体运营测试的一部分。

在有些公司禁止注册代表使用未经公司预先审查与认证的智能投资顾问工具的同时,一些公司则不采取类似的措施。金融监管当局经过观察发现,有一家公司在允许注册代表使用特定已经过公司认证的工具同时,也允许注册代表添加未经认证的工具,而审查与认证流程的缺位,则使金融监管当局担忧公司无法适当地监督注册代表使用此类工具的行为,且公司这种行为也不符合金融监管当局之前描述的有效治理与监管智能投资顾问工具的适当举措。

2. 客户投资组合构建与监督及其利益冲突

除了明晰算法在公司运转过程中的定位之外,金融公司还应当为将要呈现给客户的智能投资组合工具建立相应的治理与监管体系和流程。许多类似的工具会基于客户的个体投资特征为客户适配相对应的、预先打包整合的证券投资组合。比如,保守的投资者会被适配保守的投资组合,而激进的投资者则会被适配激进的投资组合。在金融监管当局参与调研的公司中,大部分客户的投资特征被分为 5—8 种类型,而个别公司的特征分类则显著地多于其他公司。在这种情境下,如何根据不同的投资风格适配相应的投资组合显得尤为重要。

投资组合的建构也会引起利益冲突。在零售经纪服务的情境下,有两种冲突形式与智能投资顾问工具联系最为紧密:雇员与客户的冲突和公司与客户的冲突。由于流程中全无具体的金融专业人士参与,纯粹面向客户的智能投资顾问工具终结了第一个冲突——雇员与客户冲突。混合智能平台(包含具体的某个金融专业人士来提供咨询的系统)则有可能遇到上文提到的雇员与客户的冲突,而具体情况也取决于公司针对这类金融雇员的激励机制。而公司与客户的冲突则广泛存在于面向金融专业人士和面向客户的智能投资顾问工具之中。举个例子,当公司为子公司提供产品或服务时,当从供货商收到货款或产品及服务时,公司—顾客冲突都会存在。

一个具有高效执行举措的公司一般具有适宜智能投资顾问工具运行的监管治理机制,该机制可以实现以下功能:

进行有效的投资者特征判断(如依照投资者特征判断相对应的回报,分散化程度,信用风险和流动性风险等);建立筛选证券进入投资组合的标准(该标准可包括费用、参数误差、流动性风险和信用风险等);依照不同投资组合的特点进一步筛选证券(此步骤可由相对应的算法执行);监督预打包投资组合以评估其表现及风险特征,确保适应相对应的客户;可通过将具有特定特征的证券嵌入投资组合以识别和减轻利益冲突。以上机制的梳理和审查,应当由相对于公司运营较为独立的员工进行,此员工应当兼有为整体投资组合提供投资战略咨询的宏观能力和为单个证券进行特征判断的微观能力。

在算法的监督和支持之下,那些之前提到过的、拥有投资策略评审委员会机制的经纪商或是其他公司可以建立起一套能够筛查客户投资特征,并同时能够评估预打包投资组合(以确保适应客户需求)的智能投资顾问工具。在某些情况下,有些公司的评审委员会成员是来自一个公司附属的法律支援机构,即便其他公司的评审委员会成员大多来自其公司内部。很多面向客户的智能投资顾问工具使用交易所交易基金来构成他们的投资组合，他们常用的筛选标准包含成本、参数跟踪误差、流动性和买卖价差。

金融公司用来管理证券选择过程中的利益冲突的方式各不相同。一些金融服务公司通过不提供权益类或附属基金以及收入分成型的基金来规避利益冲突。其他公司则采用审查—披露的方式。一些源自金融监管当局2212号规定的公司原则被应用于连接智能投资顾问工具的过程中，这些原则特别规定当智能化工具有使用某特定证券的偏好时，经纪商应当公开披露，或是公开解释做出此项选择的理由，如果可行的话，也需解释未选择的证券是否在成本结构等方面劣于被选证券。

进行投资者绘像，即理解一位投资者的投资目标和独特的财务状况，能够帮助金融公司提供更可靠有效的金融咨询服务。金融监管当局相信金融咨询的核心原则是参考投资者的投资特征，无论这金融建议是来自金融专业人士还是计算机算法。

由于其对顾客的金融咨询具有引领作用，客户绘像功能在智能投资顾问工具中具有十分重要的地位。而客户绘像的高效执行建议包含以下几个方面：

识别进行精确客户绘像所需的必要信息；评估客户的风险承受能力和风险偏好；解决顾客户绘像问卷中客户自相矛盾的表述；评估相较于储蓄和偿还债务而言，对客户来说进行投资是否适当；与客户进行定期联系，及时更新客户的投资特征；为客户绘像系统建立相应的监管和治理机制。

进行客户绘像的一个关键问题在于：什么信息是为所绘像的客户提供可靠投资建议所必需的？金融监管当局对经纪商进行客户绘像所需的客户信息的最低限进行了定义。金融监管当局第

2090条规定，证券经纪商应当在客户开户及之后在客户信息收集方面作出足够的努力。在机构做出金融建议时，金融监管当局第2111条规定要求经纪商对分析客户的投资特征进行必要的努力，这些努力包括且不限于：顾客年龄、其他投资、金融状况和需求、税务状况、投资目标、投资经验、投资时间跨度、流动性需求、风险承受能力以及其他帮助被咨询者进行更好金融建议的有关信息。该规定还备注：以上提到的各项信息，依照个体差异和具体情境的不同，可能有不同的重要性排序。

金融监管当局观察到，大多数面向专业人士的工具都能提供种类多样的客户信息。一些工具甚至能够提供客户整体投资组合的信息而不是单个组合，以及配偶的金融账户情况，退休金收益等信息，如社保金和养老金，甚至一些更加深入的财务状况：消费开支。从根本上来讲，金融专业人士能够通过对客户提问来收集信息，以形成对客户真正需求的深刻理解。而该信息收集的效果取决于该金融专业人士的业务素质和相关技能的熟练程度。

相反地，面向客户的智能投资顾问工具依靠一组相对松散的问题来进行客户绘像。金融监管当局观察到的工具包含4—12个问题，而这些问题大体可分为4大类：个人信息、财务信息、投资目标、投资时间跨度和风险承受能力。

面对智能化工具时，有几个方面需要考虑：（1）该工具是否被设计为收集足够信息来进行具有客户个体适应性的决策；（2）该工具是否能够解决客户问卷中答案相互冲突的问题；（3）该工具能否将客户的个体特征与符合要求的证券或是投资策略相匹配。尽管以上问题几乎都能够被专业的金融人士通过与客户互动解决，但是以下几个问题可用来评估金融咨询工具的结果是否符合客户个体适应性的要求。

该工具是否收集了全部必要的客户绘像信息？

如果没有，公司是否有足够的理论依据来认定特定的要素是不必要的？

该工具是如何解决客户绘像中提供的自相矛盾的信息的？

当判断一种证券是否具有适应性时，公司的标准、假设、限制是什么？

该工具是否倾向于某个证券？如果是，该待遇的依据是什么？

该工具是否考虑了集中化程度？如果有，是什么程度？

在进行客户绘像和投资建议的过程中，客户的风险承受能力是一项重要的考量因素。风险承受能力可以被分为至少两个维度：风险能力与风险偏好。接受金融监管当局监管的经纪商被要求在评估客户的风险承受能力时，以上两方面都要包含。风险能力主要测量的是客户承担风险或承受损失的风险。这也可被看作投资者预期的投资时间跨度，流动性偏好，投资目标和财务状况的综合反映。比如，一个投资用来支付退休以后生活开销的25岁客户比投资用来支付未来3年教育开支的25岁客户具有更高的风险能力。

而客户的风险意愿则反映了客户对于风险的态度。比如，一个愿意承担20%损失或是收益的客户，比只要求保本的客户有更高的风险意愿。

金融监管当局观察到金融公司采取广泛的方式来评估顾客的风险承受能力。金融监管当局在此处只着重强调两种方式：计量风险意愿的方法；计量投资组合中与客户风险承受能力相关的风险的方法。

评估投资者的风险意愿有很多种方法。最基础的，一些公司要求投资者进行风险承受能力的自我评估，而评估范围通常在"激进"和"保守"之间。

一些方式基于情境对顾客的风险承受能力进行评估，这有可能会与顾客的个体经历有关。比如，一个面向客户的智能投资顾问工具向客户提出以下几个问题："你是否曾经在一年内损失总投资的20%或是更多？（是／否）"，若选"是"，则接着问："我损失总投资20%的年份中我：（a）卖出了全部投资；（b）卖出了部分投资；（c）什么都没做；（d）重新配置了我的投资；（e）买入了更多。"

也有一些评估方式会要求投资者回答一些假设问题。有一个智能投资顾问工具向客户询问为实现特定收益时愿意付出以承担风险的本金额度。投资者可拖曳操作界面上的滑动条来调节潜在损失和收益来表明自己的风险/收益的意愿。另一种风险评价工具则要求用户选择两个证券来构成组合以符合特定的预算线。系统会要求客户进行多次这种选择，再将客户的回应进行整合来评价客户风险承受能力的各种属性。

一些风险评估工具的供应商将该工具与投资组合分析工具打包出售。举个例子，一个供应商提供的工具就能够实现对顾客风险承受能力与投资组合的匹配程度。

而许多供货商为金融专业人士针对客户风险承受能力的假设测试提供了丰富的配套场景。而这些假设测试的场景包含市场断崖式下跌，中国经济增速放缓，美国被机构下调信用评级等情况。

在顾客回答投资特征绘像问卷过程中，客户有可能会提供相互矛盾的回答，此时，公司应当及时发现并调和这些矛盾。这可以通过与顾客讨论解决，或者在纯数字化的场景中，通过提示让顾客及时发现这些矛盾点，或是增加问题来解决这些矛盾点都不失为好的解决办法。

金融监管当局观察到有些公司将存在冲突的客户反馈采取折中处理，或是采用冲突反馈中较为保守的一个作为回答。这种折中措施并不是一种好的解决方案,这可能导致客户被匹配到超过其风险承受能力的投资组合方案。当金融公司无法调和自相矛盾的客户信息时,采用较为保守的回答比采取折中回答更能有效避免客户不必要的投资损失。但是,即使这样,客户也有可能被匹配到不能反映其真实风险承受能力的投资组合当中去。

当人们考虑开设投资账户时,通常会面临一个三选一的问题——投资、储蓄还是还债?当然在某些情况下,首先还债是最好的选择。公司通过信息的手机分析充分了解顾客的金融状况,并使客户了解自身的财务处境是一项合理且有效的举措,但FINRA观察到只有部分公司采用了此类举措。其中一家服务于大众市场的公司其主要客户资金在5000—100000美元。这家公司会询问潜在客户每月的净收入(收入减去支出),来判断该客户是否保守到不适合进行投资活动。此外,尽管无法直接确定潜在客户是否应该进行投资活动,另一家公司通过经常要求客户回答相关问题来敦促客户保持充足的储蓄以保证足以负担至少半年的开销。

根据金融监管当局 Rule 2090 的规定,经纪自营商必须保持客户的基本信息。随着公司智能战略的发展,一些公司可能会允许客户在线修改他们的个人资料。如果投资者经常改变他们的个人资料,一个有效的做法是让经纪自营商联系投资者,了解投资者为什么做出这些改变。

一种有效的做法是,公司可以问一些问题来判断智能顾问的投资建议是否满足投资者的需要。例如,一个纯粹的智能投资顾问工具可能没有能力为一个客户提供在集成基础上管理多个投资账户和完成多个投资目标。

重新平衡投资组合是维持目标资产配置的必要条件。当投资组合的构成自然地偏离预定目标或目标本身改变时,再平衡就变得必要了。当投资组合中的构成证券表现不同时,就会发生偏离,这可能导致超过或低于资产类别的权重。例如,这可能会导致某一特定资产类别或证券市场的波动。

自动再平衡的有效措施包括:明确建立客户意向,使自动再平衡发生;对客户进行再平衡的潜在成本和税务影响的评估;向客户透露重新平衡的工作方式,包括:如果公司使用偏差阈值,披露阈值是什么,以及阈值是否因资产类别而异;如果重新平衡计划,披露是否每月、季度或每年进行再平衡;制定政策和程序,以确定该工具如何在重大市场活动中采取行动;制定减少再平衡的税收影响的方法。

一种重新平衡投资组合的方法是使用客户现金流。智能投资顾问工具可能会使用多种渠道来平衡投资组合,包括存款、股息、再投资,甚至是提款。通常,公司会利用投资资金流入和流出来恢复投资组合的目标配置;该公司利用客户的贡献来购买低估的资产类别,并从过度加权的资产类别中提取。一般来说,当投资组合偏差很小的时候,使用股息和再投资来重新平衡目标配置是有效的,因为股息和再投资通常不会比头寸的规模大。

在现金流入和流出不足以达到目标分配的情况下,一些智能投资顾问工具可以简单地将已经在账户内的资产重新分配,以实现目标权重。在账户上投资的资产,通常包括购买和出售资产,潜在客户的佣金、应税账户、资本收益或损失。

金融监管当局审查时发现面对客户的智能投资顾问工具之间关于重新平衡的触发点是不同的。一家公司使用了一个很明显的界限,即3%的投资组合浮动,以实现再平衡。投资组合偏差每天被监控。相比之下,另一家公司的投资管理委员会决定了在市场事件的基础上的偏差范围。类似地,另外两家公司监控客户的投资组合,并根据需要周期性地调整它们,但没有说明具体的偏差参数。

根据阈值限制和它进行再平衡审查的频率，智能投资顾问工具可以执行无数的再平衡交易。以下问题可能有助于评估可能出现的再平衡问题：

该工具是否允许自动再平衡？

通过这个工具来实现投资组合再平衡的触发器是什么？

再平衡多久发生一次？

再平衡是否包括增加或移除某一特定证券的可能性，从而需要专门的特定客户适用性分析？

再平衡会导致过度的佣金或导致不良的税收待遇吗？

对于那些使用智能投资顾问工具的人来说，培训和教育是至关重要的。金融监管当局观察到的一些金融专业的工具可以提供复杂的分析，并与客户沟通他们的结果，依靠金融专业人士了解分析的假设，以及结果的潜在限制。

有效的实践包括培训金融专业人员：允许使用智能投资咨询工具；个人工具的关键假设和限制；当使用工具时，可能不适合于客户端。这也是一种有效的实践，以评估第三方供应商培训的充分性。

大多数公司都要求金融专业人员参加培训计划，然后才允许他们使用智能投资顾问工具。这种培训从特定工具的培训，到在公司的标准化培训。此外，有些公司对金融专业人士还要提供特别的培训。

智能投资顾问工具的第三方供应商在培训员工使用工具上发挥重要作用。金融监管当局所说的供应商通常会与金融专业人员进行一对一的介绍性培训，以确保他们了解如何使用该工具，以及如何为客户定位输出结果。一些供应商每周还为金融专业人员提供一到两次的现场培训活动，以了解更多使用工具的方法。此外，一些供应商提供特别的或后续的培训，尽管有时这是在付费的基础上。

（三）针对投资者的培训

智能投资顾问工具的使用增加了投资者应该问的问题的细微差别，以及投资者在开放和维持投资账户时应该获得和理解的信息。金融监管当局在这里详细阐述了其中的一些因素。

稳健的投资建议取决于对个人投资者特定需求和情况的了解。投资者应该评估他们的金融服务公司是否收集足够的信息，并提出足够的问题来了解他们的需求和风险承受能力，以及这些因素是否反映在他们所得到的建议中。如果投资者认为没有考虑到相关信息，投资者在做出投资决定前应该先与金融服务公司联系。

投资者应该意识到，他们收到的关于分配资产和建立投资组合的建议，很大程度上取决于智能投资顾问工具所使用的算法和潜在假设的投资方式。在一定程度上，投资者应该熟悉投资方法和关键假设，以便他们了解如何获得证券和资产配置的建议。

由于利益冲突可能存在于他们所接受的投资建议中，投资者应该评估这些冲突是否会损害该建议的客观性。智能投资顾问工具不一定能消除利益冲突。冲突可以包括，例如，对于金融专业人士的佣金支付和其他激励以及在客户使用工具时产品的收入共享。

与任何账户一样，投资者应该了解他们将收到的具体服务和成本。在这方面，投资者应该询问与提供或提供的服务相关的所有成本，包括来自第三方的成本，如共同基金管理费用。

由于一些账户提供了一些特性，如重新平衡和税收损失，投资者应该了解这些服务是如何执行的。如果投资者的账户将自动重新平衡，投资者就应该知道这是否会基于时间表发生。投资者应该意识到，如果出现突然的、剧烈的市场波动，比如2010年5月的闪电崩盘，会有什么防范措施。再平衡可能也会产生费用或税收责任，因此投资者应该调查这一活动的财务后果。

智能投资顾问工具很可能在财富管理中扮演越来越重要的角色，随着智能投资顾问工具的发展，投资者保护应该是最重要的目标。公司需要建立和维持一个投资者保护基金会。该基金会的一个关键因素是了解客户需求。另一种方法是使用具有坚实理论基础的投资工具，还有就是理解这些工具的局限性。金融监管当局相信，该文件中概述的有效做法将有助于企业在使用智能投资工具时提高保护投资者的能力。

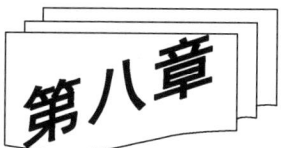

提升我国金融消费者保护水平的政策建议

一、加强金融消费者适当性保护

(一) 提高适当性制度的立法层次

虽然我国金融领域各部门陆续制定规则、不断发展和完善其适当性制度，但我国现行的适当性规范主要存在于部门规章和规范性文件和行业自律规范中，它们都不能创设法院在司法裁判时必须接受的严格意义上的法律义务，违反这些规定并不必然导致金融机构被认定为过错，需要承担相应的法律责任（张灵溪，2019）。此外，缺乏高位阶的法律规范也导致了适当性规则实践中缺乏统一的操作标准，呈现出"散、乱、软"的特征，消费者的风险理解能力与承受能力评估标准难以界定，消费者风险等级与金融产品的匹配性不高，且销售任务与适当性管理要求冲突明显。

为此，应当进一步提高适当性制度的立法层次，将适当性规则上升到法律的规范层面，建立统一完整、层次分明的适当性制度，厘清适当性制度的内涵及适用范围，明确金融机构的适当性义务及相应的法律责任。同时，监管机构在此法律基础上，进一步建立具体的规章制度，行业协会从实施层面给出操作细则或指引，各金融机构制定内部管理制度，明确实际操作细节。总之，在提升立法层次的基础上，相关责任主体各司其职，共同构建完整的适当性制度体系。

（二）明确投资者分类

我国目前的金融消费者保护立法工作面临主体适格难题，"金融消费者"的定义尚不够明确，对此，可以借鉴国外客户分类制度，对"金融消费者"采取适用除外的反向排他法来定义，即用"金融消费者"不包括哪些来进行排除法定义，而不是正向说明"金融消费者"包括哪些（胡雪，2018）。国际上通常将其具体化为专业性、投资金额等指标。从投资者分类的最终目的和具体操作出发，最适当的做法是对专业投资者进行界定，除去专业投资者以外的投资者均为普通投资者。如我国《证券期货投资者适当性管理办法》对于投资者分类的规定，首先界定出专业投资者，然后将专业投资者以外的投资者统一规定为普通投资者，经营机构对两者需要履行的义务具体内容不相同；同时规定了不同类型投资者之间可以相互转化并规定了转化的条件。其他资管产品销售领域也应当借鉴《证券期货投资者适当性管理办法》，建立相关产品领域的投资者分类规则（张灵溪，2019）。但对于我国银行理财等资管市场而言，由于多数投资者范围广大，个人风险理解能力及承担能力差别较大，因此，有必要在区分专业和普通投资者分类的基础上，进一步细化分类，并针对不同类别的投资者，明确金融机构的相关义务与责任。

（三）注重适当性评估执行的实效性

针对金融机构销售行为的检查不能仅停留在考量销售人员是否履行了客户风险评估和信息提供等一般性义务的表层上，而应当进一步深入评估机构的产品风险等级划分是否科学合理，薪酬和绩效等机制对销售行为动机是否起到负面激励作用，以及程序上合规的产品推荐行为是否在量化评估的实质层面上符合"客户利益优先原则"等，因为正是适当性评估框架中这些更为细致、深入的定性和量化评估因素，才能够清晰地揭示出机构产品推荐行为的真正动机（胡雪，2018）。

二、完善金融产品信息披露监管

（一）建立金融机构信息披露评级机制

为加强对金融机构信息披露情况的监管，促进金融机构履行信息披露义务，应尽早建立信息披露评级机制。首先应根据不同类型的金融机构及产品，建立相对统一的评级体系，如从资格认证、信息披露的规范性、不定期检查结果、工作人员专业水平、融资项目成功率、投诉率这些方面来加评价。其次，要培育权威合格的第三方评级机构。第三方评级机构由中介机构根据其拥有的专业知识和对金融机构内部信息的了解，经过分析后所做出的全方位评价意见。因此，在形式上它相当于给信息披露主体起到"担保"作用。为此，在建立评级机制的同时，应加强对第三方评级机构的监管，通过立法，从评级的透明度、评级方法、信用评级分析内容等方面进行强制监管。一旦发现第三方评级中介机构有失职行为或违职业道德，管理部门要对此进行坚决处罚，决不能姑息迁就（邱灵敏，2018）。

（二）提高信息披露的有效性

从金融消费者行为的角度看，要准确判断产品的风险，虽然关键信息必不可少，但信息也并非越多越好。由于存在"有限注意"，个人可能没有足够的认知能力来同时处理所处环境中的所有信息，行为经济学家发现太多信息会导致认知能力变差。随着选择集中备选项的增多，如果选项之间只有细微差别，人们就会感觉错乱、迷惑，选择变得很困难，结果往往会选择默认项或者放弃选择，即使选了通常也不满意，更容易后悔。因此，在信息日趋过剩的背景下，信息披露尤其要注重其实质内容及其表现形式。具体而言，以下方面需要格外重视。

一是要突出关键信息。由于消费者有限注意力的偏差，传统的提供更多信息就是更好的原则需要重新谨慎考虑，政策制定者应该要求突出显示关键信息，因为这些信息很可能会被消费者低估或者被金融企业掩盖，如保险损失的真实概率或者共同基金购买的费用（孙天琦，2014）。

二是披露内容要简明化和清晰化。披露的信息需精确有用，可以使一个非理性的投资主体能够做出投资决策，反之，该项信息披露是没有意义的。信息披露标准要具有操作性，可以通过制定行业指引、行业自律规则等方式以符合"投资主体决策"为标准。信息披露规则的设计应能适度体现对整体信息披露的有效性，起到对投资主体利益保护的作用和体现不同层次投资主体的差异性。因此，我们根据投资主体导向型和金融机构对信息披露的双重要求，确定信息披露的设计思路。

简明原则最早在美国实施。对于那些抗风险能力差、个人资金少、不懂投资分析能力、不具有互联网金融市场运作经历、没有经过法律或会计专业培训的普通投资主体，对于一份冗长的信息披露文件基本处于"可有可无"的窘境，这种专业术语编写的信息披露文件对于不具备相关知识的投资主体根本很难看懂。因此，对于这些投资主体而言，信息披露文件的简短、通俗、易懂、易读、可读是前提，否则信息披露对其提供的保护是非常的有限。为此，可见信息披露简明原则的重要性。信息堆积和过载问题会阻碍投资主体对信息的接收和选择能力。立法者本着让投资主体了解一切信息的初衷，在发现新的问题后就会对本来的披露条款上进一步增加款项，通过补充、重复、修改、扩展、强调投资主体全面知情的境界，即所谓的信息棘轮效应。过大的信息池导致投资主体的阅读精力过重，投资成本增加，全面披露的效果南辕北辙。因此，信息披露中冷僻内容的删减、数据变量的整合、专业术语的通俗化有助于信息传递的有效性，信息披露对投资主体而言也会感到亲切，不会让他们感到遥不可及、生涩难懂。

信息披露的简化不是简化思想，而是对语言进行简化，只有专家们能做好。所以可以把信息披露的简化工作交给行业精英去做，即律师、会计师、评级机构、金融分析师、法学者、数据统计人员等行业专家，统称为信息整合者。信息披露的实施少不了金融服务机构和行业专家们的智力支持。并且，这些信息整合者会把信息披露主体内容加以分析和总结，进行评级。如此，信息整合者深加工的信息可满足投资主体的需求，减轻成本，同时，依赖市场外部竞争机能也可加强信息整合者的专业能力与诚信度。当人们面对复杂繁多的选项时，会产生畏难情绪而很难做出最优选择。这表明影响人们做出决策的不仅受信息量的多少，还受信息所呈现的表达方式的困扰。有鉴于此，同时进行要点披露和全面披露。要点披露是对金融产品的信息进行标准化和简化，并保证关键属性的信息能够被潜在投资主体充分了解，与相同市场上的金融产品可以做出比较，为让潜在投资主体可以找到金融产品的其他信息，在线的全面披露可以补充这些信息（邱灵敏，2018）。

三是促进金融产品价格信息的比较。消费者能够方便地对各类金融产品价格进行对比，有效的价格竞争才会出现。这需要监管部门不定期评价提供金融产品价格比较信息的企业所提供的信息的有效性和可靠性；帮助、提醒消费者做出判断的时候去分析真实的概率，克服单一事件的影响，克服可得性偏差，提高决策水平（孙天琦，2014）。

三、实施多元化金融教育

根据我国居民金融素养现状及现有金融教育体系，总体上，应进一步强化金融素养教育。就教育的内容看，分为金融基本知识与原理、金融产品认知与风险责任承担意识三个方面，其中金融基础知识适合以学校等教育机构为主开展，金融产品认知适合以正规金融机构为主体开展，风险责任承担意识适合以政府为主体开展，当然，三者之间需要紧密联系、互相融合。

（一）建立金融教育国家战略体系

首先，国家通过修订《商业银行法》《证券法》《保险法》等金融法律法规，或者制定国民金融教育法等方式，将国民金融素养提升到国家金融发展的战略高度，并立足国情，对我国金融教育模式进行科学规划，明确各政府部门、金融机构、社会组织和团体在全民金融教育中的职责和任务，以及教育的内容、途径、方式和保障措施等。

其次，鉴于英美等国的经验，我国成立类似美国"金融知识与教育委员会"的跨部门金融教育机构，构建由金融、教育、媒体、社团组织等多部门参与的金融教育组织体系，专门负责金融教育工作的政策方向、目标确定、组织协调、督促执行等工作。建立规范的部门间协作机制，实现整体联动和合力推进，各部门内部也要设立专司金融教育的负责部门。另外，设立金融普及教育专项基金,除财政资金投入外,由各商业性金融机构缴纳一定的金融教育基金,对公益性金融教育组织给予关注和支持,提高各方参与的积极性。

最后,将金融教育纳入基础教育范畴,是提高全民金融素养最直接、最有效的途径。我国可以先从较发达的省市入手,优选一定数量的学校试点,积累经验后再大范围推广,分阶段、分批次、有计划地将金融普及课程纳入中小学的课堂,同时做好金融教育成效的跟踪评估,便于持续深入地推进。

(二) 设置分层推进、针对性强、日常化高的金融教育网络

首先,在细分不同群体,充分调研的基础上,提炼出我国国民金融消费行为的普遍性和代表性特征,设计分主次、有针对性的金融教育方案。也就是,面对差异的金融消费者群体,开展层次分明、重点突出的金融消费者教育活动,帮助金融消费者树立正确的金融理念,修正不科学的金融行为。如针对儿童,可设计生动形象、简明易懂的教育资料,提供小学生从小接触到系统的金融基础理论知识的机会,从小培养树立正确的财商;针对中学生和大学生,可举办金融知识竞赛、金融知识进校园和培养金融知识宣传志愿者等活动,使金融素养教育寓于生动的、丰富的日常经济生活中。针对收入稳定的成年人,可开展与日常生活所必备的金融项目服务,重点是满足对存贷款、购买房车、信用卡、投资理财、财产配置、养老规划等方面的需求,也可通过开展金融专题讲座,引导其树立科学合理的投资理财方式及风险防范途径。

其次,扩宽金融教育的覆盖面,重点关注弱势群体的需求。由于低收入人群、小微企业主、在校学生、农村居民、残疾人等群体的金融知识匮乏,根据其知识水平和金融需求特征,开展实用性的基础金融知识的教育,可先普及存贷款、银行卡、保险、

假币识别等基本业务，满足其基本生活需要，再逐步推广理财产品、基金、股票等复杂业务的宣传教育，适应个性化金融需求。同时，加强对抗风险能力弱的群体的风险意识教育，让他们学会了解风险、识别风险和规避风险的方法和途径。

（三）开展多渠道、多形式、多方位的金融教育活动

首先，选取多元化的、新颖的教育宣传方式。一是积极搭建金融普及教育平台，开设公众金融教育服务场所。通过线上，政府可设立官方的金融教育网站、各个金融机构利用自家平台开设的教育专栏、微信公众号、微博等方式，为居民大众提供丰富的金融教育资源，同时，保证教育平台要由专人负责定期更新维护，活跃互动交流功能，以便满足公众及时沟通、答疑解惑的需求。

要大力推行以场景思维为导向的互联网金融教育模式。关于场景思维的研究大多集中在新闻学、传播学、经济学等领域。场景思维立足于移动互联网的产生与发展，以移动设备、大数据、社交媒体、传感器、定位系统等技术为基础，通过对金融消费者的身份背景、客观环境、行为习惯、心理状态等进行挖掘和分析，最终实现金融消费者需求的挖掘和信息服务的适配。其优势在于：第一，打通场景、用户和服务之间的关系，增强信息服务的针对性和有效性；第二，抓住金融消费者的需求，提高对金融消费者的凝聚力、吸引力；第三，提供及时、有效、舒适的用户体验，提高金融消费者的认同感和黏性。随着计算机技术的不断进步与移动互联网的普及，场景思维必将进一步渗透到经济和社会的方方面面，改变每一个人获取信息和服务的方式。开展互联网金融消费者教育，有必要吸收和借鉴场景思维，以更好地服务金融消费者，获得更大成效。

推行以场景思维为导向的互联网金融消费者教育模式，要以

数据的获取及分析为有效支撑，依托于对金融消费者个体场景的挖掘，实现金融教育产品和教育信息的个性化适配。具体来说：第一，构建能够辐射不同场景、不同身份、不同习惯的金融消费者的教育服务平台。这一平台需要有丰富的教育产品，既能涵盖信贷知识、理财知识、投资知识、保险知识等不同的教育内容，又具有信息图表、文章、演示文稿、动漫等不同的表现形式。可基于微信、手机软件等网络新媒体开发和构建教育服务平台。第二，进行金融消费者数据的收集和挖掘。通过分析金融消费者的个人信息、行为习惯、心理状态等特征要素，描绘出金融消费者的个体形象，并以此为基础挖掘金融消费者的教育需求。在对金融消费者特征进行采集和分析过程中需要以大量的数据作为支撑，数据越多，结果越准确。为此，要在保证金融消费者个人隐私的基础上，逐步推进全国层面金融消费者数据的开放与共享。第三，对金融消费者的教育需求进行智能匹配。在对金融消费者的教育需求充分理解和深入挖掘的基础上，推送与金融消费者需求相适应的教育产品和教育信息。第四，建立教育效果的反馈和评估机制。对金融消费者数据的采集和挖掘，不仅要重点关注金融消费者当前的状态，还要关注其在接受教育前后的状态变化，以分析教育的成效，为教育的进一步改进与完善指明方向（王怀勇等，2017）。

同时再结合线下活动，政府联合金融机构等组织定期举办金融讲座和特色活动，提高公众对金融知识的认知。通过线上线下的统筹，可以保证金融教育活动的多方位和持续性。二是金融专业的在校大学生和金融机构的专业人员是最了解金融基础知识和居民的金融需求的，应首当金融普及教育的主力军，可从中挑选一批志愿者，或者可规定金融从业人员必须参加一定时间的志愿者活动，来负责深入开展金融教育活动。三是持续深入开展

"金融知识进社区""送金融知识送到家"等活动，多发动农信社、农村银行等基层金融机构的员工，深入社区、乡镇，开展现场金融知识普及和宣传，激发农民了解金融知识的兴趣和使用金融产品的积极性，起到带头示范，以点带面的效果。

其次，构建符合国情的金融教育成效评估机制。一是针对我国金融普及教育往往重宣传，弱行动、轻结果的实况，可借鉴国外先进做法，首先委托专门金融部门，从研究制定适合中国使用的金融教育评价指标体系入手，设置金融教育成效评估机制，并定期对各项指标进行动态调整。二是结合我国金融消费者的特点，针对不同群体，定期对我国金融教育有效性进行分析，利用先进的统计学分析方法，针对特定的教育项目，对教育前后的公众金融知识水平和金融消费行为进行对比，总结出教育对金融知识掌握程度和消费决策的影响机理，并将数据纳入评估体系的基础数据库做动态跟踪。三是建立社会公众对金融教育活动的反馈机制，观察市场反应，深入了解公众金融需求动态，实现双向互动与单向教育相结合，进而帮助总结金融教育活动的成效和不足，及时修正改进，以提升实际效果。

四、优化金融纠纷解决机制

（一）重视金融纠纷调解制度的作用

理论上，金融纠纷解决方式包括协商、调解、仲裁与诉讼，除此之外，还包括媒体曝光与信访等其他方式，这些方式各有利弊，但相对而言，调解制度具有一些独特优势。调解是一种较为快捷的程序，涉及的费用也比仲裁和诉讼较低，因此，调解的优势在于一方面为当事人提供了一种符合市场规则、适应专业化需要的纠纷解决手段，缓解金融消费者与金融机构之间的对抗性和紧张性，倡导金融交易领域中自治协商、尊重行业惯例和诚实守信等一系列重要的价值观念与行业规范;另一方面,在保证公正与效率的前提下减少纠纷解决成本,缩短纠纷解决周期以及缓解解决纠纷的刚性化,实现双方当事人利益的最大化(李磁强,2016)。国际上,替代性争议解决程序(ADR)也日益成为一种重要的金融纠纷解决机制。考虑到未来我国在金融结构转型的过程中,金融纠纷数量将持续增长,以及较高的仲裁及诉讼成本,调解机制的优势将充分体现,因此,有必要在构建金融纠纷多元化解决机制的前提下,更加重视调解制度的作用,尽早加强统一、高效调解机制的建设。

(二) 构建统一权威的金融调解机构与平台

金融调解由于其固有专业性、技术性、便捷性和行业高度内化的认同性,这些特性由于其服务于商业而自然形成,使它有可能也有必要单独构建统一调解主体的发展路径,而不适宜将人民调解机制直接应用于金融领域。

以金融行业协会为主导,并由金融企业、交易所、中介机构等共同参与组建金融调解机构,构建银行、证券、保险等专业化、行业性的纠纷解决机制。金融行业协会可作为统一的权威投诉平台整合其他资源。在此基础上,借鉴美国 CFPB 的运作模式,形成金融纠纷处理信息平台,完善相关的信息披露及信息共享机制,将所有调解与处理结果在平台数据库中公开反馈,提高金融调解的效率与满意度(吴弘,2015)。

(三) 增强纠纷调解机制的实效性

为增强调解机制的时效,应更多着眼于金融消费者的可实施性。首先,调解程序应具有较强的便利性。现对于复杂繁琐、周期过长的诉讼方式,调解机制的设计应更加注重经济效率原则,尽可能简化程序规则,降低维权的经济与时间成本。其次,调解程序应具有廉价性。如果调解程序需要高昂费用的话,大多数标的数额较小的金融纠纷的当事人就会对调解望而却步。但同时，为了避免费用降低之后产生当事人滥用调解程序的问题，应当事先明确收费标准，只有当事人确有困难的，才可以申请延缓或免交调解费用。此外，为了提高调解人员的积极性，应当为其工作提供相应的对价，给付合理报酬。最后，调解程序对于金融纠纷的解决应当具有法律效力且容易得到快速执行（李磁强，2016）。为此，在构建金融纠纷调解机制时，应当依法赋予调解机构采取适当措施的权限，从而使调解程序对于金融纠纷的解决具有权威性。

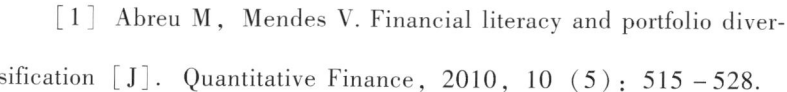

[1] Abreu M, Mendes V. Financial literacy and portfolio diversification [J]. Quantitative Finance, 2010, 10 (5): 515-528.

[2] Adam, F., and B. Roncevic. Social Capital: Recent Debates and Research Trends [J]. Social Science Information, 2005, 42 (2): 155-183.

[3] Aghion P, Algan Y Cahuc P, Shleifer A. Regulation and Distrust [J]. Quarterly Journal of Economics, 2010, 125 (3): 1015-1049.

[4] Ahern K, Daminelli D, Fracassi C. Lost in Translation? The Effect of Cultural Values on Mergers around the World [J]. Journal of Financial Economics, 2015, 117 (1): 165-189.

[5] Algan Y, Cahuc P. Inherited Trust and Growth [J]. American Economic Review, 2010, 100 (5): 2060-2092.

[6] Allison P. (1999): "Comparing Logit and Probit Coefficients across Groups", Sociological Methods and Research, 28, pp. 186-208.

[7] ALLISON, P. D. Comparing Logit and Probit Coefficients Across Groups [J]. Sociological Methods & Research, 1999, 28 (2): 186-208.

[8] Almenberg J, Dreber A. Gender, stock market participation and financial literacy [J]. Economics Letters, 2015, 137.

[9] Anonymous. Heavy Reading; Global Recession Stings Carrier Ethernet Switch/Router Market, but Long-Term Outlook Is Positive, Heavy Reading Finds [J]. Network Weekly News, 2009.

[10] Arrow K. Gifts and Exchanges [J]. Philosophy and Public Affairs, 1972, 1 (4): 343-362.

[11] Asgharian H, Liu L, Lundtofte F. Institutional Quality, Trust and Stock-market Participation: Learning to Forget [R]. SSRN Working Paper, 2015, No. 2369732.

[12] Badarinza C, Campbell J Y, Ramadorai T. International Comparative Household Finance [J]. Social Science Electronic Publishing, 2016, 8 (1): 196-202.

[13] Balloch A, Nicolae A, Philip D. Stock Market Literacy, Trust, and Participation [J]. Review of Finance, 2015, 19 (5): 1925 – 1963.

[14] Barasinska N, Schfer D, Stephan A. Individual risk attitudes and the composition of financial portfolios: Evidence from German household portfolios [J]. The Quarterly Review of Economics and Finance, 2012, 52 (1): 1 – 14.

[15] Barberis, N. Investing for the Long Run When Returns are Predictable [J]. Journal of Finance, 2000, 55 (1): 225 – 264.

[16] Batty M, Collins J M, Odders – White E. Experimental Evidence on the Effects of Financial Education on Elementary School Students: Knowledge, Behavior, and Attitudes [J]. Journal of Consumer Affairs, 2015, 49 (1): 69 – 96.

[17] Bergstresser D, Chalmers J, Tufano P. Assessing the Costs and Benefits of Brokers in the Mutual Fund Industry [J]. Review of Financial Studies, 2009, 22 (10): 4129 – 4156.

[18] Berkowitz, M. K. and J. Qiu. A Further Look at Household Portfolio Choice and Health Status [J]. Journal of Banking and Finance, 2006, 30: 1201 – 1217.

[19] Bertaut, C. C., and M. Starr – McCluer. Household Port-

folios in the United States [A]. Household Portfolios [M], ed. By L. Guiso, M. Haliassos, and T. Jappelli, MIT Press, 2002.

[20] Bertola, G., R. Disney., and C. Grant. The Economics of Consumer Credit [M]. MIT Press, 2006.

[21] Bloom N, Sadun R, Reenen J. The Organization of Firms across Countries [J]. Quarterly Journal of Economics, 2012, 127 (4): 1663 - 1705.

[22] BLOOM N, SADUN R, Van REENEN J. The organization of firms across countries [J]. NBER Working Paper, 2009: No. 15129.

[23] Bodie, Z., R. C. Merton, and W. F. Samuelson. Labor Supply Flexibility and Portfolio Choice in a Life Cycle Model [J]. Journal of Economic Dynamics and Control, 1992, 16 (3): 427 - 449.

[24] Bottazzi L, Rin M, Hellmann T. The Importance of Trust for Investment: Evidence from Venture Capital [J]. Review of Financial Studies, 2016, 29 (9): 2283 - 2318.

[25] Brandolini, A., L. Cannari, G. D'Alessio, and I. Faiella. Household Wealth Distribution in Italy in the 1990s [A]. International Perspectives on Household Wealth [M], ed. By E. N. Wolff, Edward Elgar Publishing. 2006.

[26] Brandt, M. W. Estimating Portfolio and Consumption Choice: A Conditional Euler Equations Approach [J]. Journal of Finance, 1999, 54 (5): 1609 – 1645.

[27] Brennan, M. J., E. S. Schwartz, and R. Lagnado. Strategic Asset Allocation [J]. Journal of Economic Dynamics and Control, 1997, 21 (8): 1377 – 1403.

[28] Brockner J, Siegel P, Daly J, Tyler T. When Trust Matters: The Moderating Effects of Outcome Favorablility [J]. Administrative Science Quarterly, 1997, 43 (3): 558 – 583.

[29] Brown S, Goetzmann W, Liang B, Schwarz C. Trust and Delegation [J]. Journal of Financial Economics, 2012, 103 (2): 221 – 234.

[30] C. P. McCahon, A. J. Whiles, D. Pascoe. The toxicity of cadmium to different larval instars of the trichopteran larvae Agapetus fuscipes Curtis and the importance of life cycle information to the design of toxicity tests [J]. Hydrobiologia, 1989, 185 (2).

[31] Calvet L E, Campbell J Y, Sodini P. Measuring the Financial Sophistication of Households [J]. American Economic Review, 2009, 99 (2): 393 – 398.

[32] CAMPBELL J Y. Household finance [J]. Journal of Finance, 2006, 61 (4).

[33] Luigi Guiso, Tullio Jappelli. Awareness and Stock Market Participation [J]. Review of Finance, 2005, 9 (4).

[34] CAMPBELL J Y. Household finance [J]. The Journal of Finance, 2006, 61 (4): 1553 – 1604.

[35] Campbell, J. Y., and L. M. Viceira. Who Should Buy Long – Term Bonds? [J]. American Economic Review, 2001, 91 (1): 99 – 127.

[36] Campbell, J. Y., and L. M. Viceira. Consumption and Portfolio Decisions When Expected Returns are Time Varying [J]. Quarterly Journal of Economics, 1999, 114 (2): 433 – 495.

[37] Campbell, J. Y., and L. M. Viceira. Strategic Asset Allocation: Portfolio Choice for Long – Term Investors [M]. Oxford University Press, 2002.

[38] Campbell, J. Y. Household Finance [J]. Journal of Finance, 2006, 61 (4): 1553 – 1604.

[39] Campbell, J. Y. Y. L. Chan, and L. M. Viceira. A multivariate Model of Strategic Asset Allocation [J]. Journal of Financial Economics, 2003, 67 (1): 41 – 80.

[40] Campbell, JY. Intertemporal Asset Pricing without Consumption Data [J]. American Economic Review, 1993, 83: 487 – 512.

[41] Cardak, B. A., and R. Wilkins. The Determinants of Household Risky Asset Holdings: Australian Evidence on Background Risk and other Factors [J]. Journal of Banking and Finance, 2009, 33: 850-860.

[42] Carlin B, Dorobantu F, Viswanathan S. Public Trust, the Law, and Financial Investment [J]. Journal of Financial Economics, 2009, 92 (3): 321-341.

[43] Carroll, C. Portfolios of the Rich [A]. Household Portfolios [M], ed. By L. Guiso, M. Haliassos, and T. Jappelli, MIT Press, 2002.

[44] Chalmers J, Reuter J. Is Conflicted Investment Advice Better than No Advice? [R]. NBER Working Paper, 2015, No. 18158.

[45] Chetty, R. and A. Szeidl. The Effect of Housing on Portfolio Choice [J]. National Bureau of Economic Research, 2010.

[46] Christian Merkl. Veldkamp, L.: Information Choice in Macroeconomics and Finance [J]. Journal of Economics, 2012, 107 (1).

[47] Chu Z. Financial Literacy, Portfolio Choice and Financial Well-Being [J]. Social Indicators Research, 2016.

[48] Clark R, Lusardi A, Mitchell O S. Financial knowledge and 401 (k) investment performance: a case study [J]. Journal of

Pension Economics and Finance, 2017, 16 (3): 324 – 347.

[49] Cocco, J. F., F. J. Gomes, and P. J. Maenhout. Consumption and Portfolio Choice over the Life Cycle [J]. Review of Financial Studies, 2005, 18 (2): 491 – 533.

[50] Cocco, J. F. Portfolio Choice in the Presence of Housing [J]. Review of Financial studies, 2005, 18 (2): 535 – 567.

[51] Cohen, L. Loyalty – Based Portfolio Choice [J]. Review of Financial Studies, 2009, 22 (3): 1213 – 1245.

[52] Crook, J. The Demand for Household Debt in the USA: Evidence from the 1995 Survey of Consumer Finance [J]. Applied Financial Economics, 2001, 11 (1): 83 – 91.

[53] Del Guercio D, Reuter J, Tkac P. Demand for Financial Advice, Broker Incentives and Mutual Fund Market Segmentation [R]. NBER Working Paper, 2010, No. 16312.

[54] Delavande A, Rohwedder S, Willis R J. Preparation for Retirement, Financial Literacy and Cognitive Resources [J]. SSRN Electronic Journal, 2008.

[55] Diamond, P. A. National Debt in a Neoclassical Growth Model [J]. American Economic Review, 1965, 55 (5): 1126 – 1150.

[56] DINCER O C, USLANER E M. Trust and growth [J].

Public Choice, 2010, 142 (1/2): 59 - 67.

[57] Disney R, Gathergood J. Financial Literacy and Indebtedness: New evidence for UK consumers [J]. Discussion Papers, 2011.

[58] Duflo, E., and E. Saez. The Role of Information and Social Interactions in Retirement Plan Decisions: Evidence from a Randomized Experiment [J]. Quarterly Journal of Economics, 2003, 118 (3): 815 - 842.

[59] El - Attar M, Poschke M. Trust and the Choice between Housing and Financial Assets: Evidence from Spanish Households [J]. Review of Finance, 2011, 15 (4): 727 - 756.

[60] Entorf H, Hou J. Financial Education for the Disadvantaged A Review [J]. Iza Discussion Papers, 2018.

[61] Evans D A. The predisposition of women to use the services of a financial planner for saving and investing [J]. Individual & Family Studies, 2009.

[62] Fama E. Efficient Capital Markets: A Review of Theory and Empirical Work [J]. Journal of Finance, 1970, 25 (2): 383 - 417.

[63] Farber D. Restoring Trust after Fraud: Does Corporate Governance Matter? [J]. Accounting Review, 2005, 80 (2): 539 - 561.

[64] Feldstein M. Social Security, Induced Retirement, and

Aggregate Capital Accumulation [J]. Journal of Political Economy, 1974, 82 (5): 905 -926.

[65] Flavin, M., and T. Yamashita. Owner - Occupied Housing and the Composition of the Household Portfolio [J]. American Economic Review, 2002, 345 -362.

[66] FRANCISCO GOMES, ALEXANDER MICHAELIDES. Optimal Life - Cycle Asset Allocation: Understanding the Empirical Evidence [J]. The Journal of Finance, 2005, 60 (2).

[67] Frankel T. Regulation and Investors' Trust in the Securities Markets [J]. Brooklyn Law Review, 2002, 68 (2): 439 - 448.

[68] FUKUYAMA F. Trust: the social virtues and the creation of prosperity [M]. New York: Free Press, 1996.

[69] Gao F, Lisic L, Zhang I. Commitment to Social Good and Insider Trading [J]. Journal of Accounting and Economics, 2014, 57 (2-3): 149 -175.

[70] Gennaioli N, Shleifer A, Vishny R. Money Doctor [J]. Journal of Finance, 2015, 70 (1): 91 -114.

[71] Georgarakos D, Inderst R. Financial Advice and Stock Market Participation [R]. European Central Bank Working Paper, 2011, No. 1296.

[72] Georgarakos D, Pasini G. Trust, Sociability, and Stock Market Participation [J]. Review of Finance, 2011, 15 (4): 693-725.

[73] Giannetti M, Wang T. Corporate Scandals and Household Stock Market Participation [J]. Journal of Finance, 2016, 71 (6): 2591-2636.

[74] Gollier, C., and J. W. Pratt. Risk Vulnerability and the Tempering Effect of Background Risk [J]. Econometrica, 1996, 1109-1123.

[75] Gomes, F, and A. Michaelides. Optimal Life-Cycle Asset Allocation: Understanding the Empirical Evidence [J]. Journal of Finance, 2005, 60 (2): 869-904.

[76] Gomes, F, and A. Michaelides. Portfolio Choice with Internal Habit Formation: A Life-Cycle Model with Uninsurable Labor Income Risk [J]. Review of Economic Dynamics, 2003, 6 (4): 729-766.

[77] Grinstein-Weiss M, Guo S, Reinertson V, et al. Financial Education and Savings Outcomes for Low-Income IDA Participants: Does Age Make a Difference? [J]. Journal of Consumer Affairs, 2015, 49 (1): 156-185.

[78] Grossman, S. J., and G. Laroque. Asset Pricing and Op-

timal Portfolio Choice in the Presence of Illiquid Durable Consumption Goods [J]. Econometrica, 1990, 58 (1): 25 – 52.

[79] Guiso L, Sapienza P, Zingales L The Role of Social Capital in Financial Development [J]. American Economic Review, 2004, 94 (3): 526 – 556.

[80] Guiso L, Sapienza P, Zingales L. Cultural Biases in Economic Exchange? [J]. Quarterly Journal of Economics, 2009, 124 (3): 1095 – 1131.

[81] Guiso L, Sapienza P, Zingales L. Trusting the Stock Market [J]. Journal of Finance, 2008a, 63 (6): 2557 – 2600.

[82] Guiso L, Sapienza P, Zingales L. Social Capital as Good Culture [J]. Journal of the European Economic Association, 2008b, 6 (2 – 3): 295 – 320.

[83] GUISO L, SAPIENZA P, ZINGALES L. Social capital as good culture [J]. Journal of the European Economic Association, 2008, 2 (6): 295 – 320.

[84] Guiso, L., and P. Sodini. Household Finance: An Emerging Field [A]. Handbook of the Economics of Finance [M], ed. by G. Constantinides, M. Harrris, and R. Stulz, Elsevier, 2013.

[85] Guiso, L., P. Sapienza, and L. Zingales. The Role of Social Capital in Financial Development [J]. American Economic

Review, 2004, 94: 526 – 556.

[86] Guiso, L. , T. Jappelli, and D. Terlizzese. Income Risk, Borrowing Constraints, and Portfolio Choice [J]. American Economic Review, 1996, 86 (1): 158 – 172.

[87] Guiso, Tullio Jappelli. , TERLIZZESED. Income risk, borrowing constraints, and portfolio choice [J]. American Economic Review, 1996, 86 (1).

[88] Gurun U, Stoffman N, Yonker S. Trusting Busting: The Effect of Fraud on Investor Behavior [R]. SSRN Working Paper, 2016, No. 2664307.

[89] Haewon Yum, Byungtae Lee, Myungsin Chae. From the wisdom of crowds to my own judgment in microfinance through online peer – to – peer lending platforms [J]. Electronic Commerce Research and Applications, 2012, 11 (5).

[90] HALIASSOS M, BERTAUT C C. Why do so few hold stock [J]. The Economic Journal, 1995, 105 (432).

[91] Harrison Hong, Jeffrey D. Kubik, Jeremy C. Stein. Social Interaction and Stock – Market Participation [J]. The Journal of Finance, 2004, 59 (1).

[92] Harvey S Rosen, Stephen Wu. Portfolio choice and health status [J]. Journal of Financial Economics, 2004, 72 (3).

[93] Hastings J S, Madrian B C, Skimmyhorn W L. Financial Literacy, Financial Education, and Economic Outcomes [J]. Annual Review of Economics, 2013, 5 (1): 347-373.

[94] Heaton, J. and D. Lucas. Portfolio Choice and Asset Prices: The Importance of Entrepreneurial Risk [J]. Journal of Finance, 2000, 55 (3): 1163-1198.

[95] Hilgert M A, Hogarth J M, Beverly S G. Household financial management: the connection between knowledge and behavior [J]. Federal Reserve Bulletin, 2003, 89 (July): 309-322.

[96] Hong H, Kubik J D, Stein J C. Social Interaction and Stock-Market Participation [J]. The Journal of Finance, 2004, 59 (1): 137-163.

[97] HONG H, KUBIK J D, STEIN J C. Social interaction and stock-market participation [J]. The Journal of Finance, 2004, 59 (1): 137-163.

[98] Hong, H., J. D. Kubik, and J. C. Stein. Social Interaction and Stock Market Participation [J]. Journal of Finance, 2004, 59 (1): 137-163.

[99] Hu X. Portfolio choices for homeowners [J]. Journal of Urban Economics, 2005, 58 (1): 136.

[100] Hu, X. Portfolio Choices for Homeowners [J]. Journal

of Urban Economics, 2005, 58 (1): 114-136.

[101] Huberman G. Familiarity Breeds Investment [J]. Review of Financial Studies, 2001, 14 (3): 659-680.

[102] Jane Kennedy. Household Capital Formation and Financing, 1897-1962 [J]. The Journal of Economic History, 1967, 27 (3).

[103] Jappelli T, Padula M. Investment in financial literacy and saving decisions [J]. Journal of Banking & Finance, 2013, 37 (8): 2779-2792.

[104] Jia C, Wang Y, Xiong W. Differential Reactions of Local and Foreign Investors to Analyst Recommendations [J]. NBER Working Paper, 2016, No. 21075.

[105] John Y. Campbell, Yeung Lewis Chan, Luis M. Viceira. A multivariate model of strategic asset allocation [J]. Journal of Financial Economics, 2003, 67 (1).

[106] Kaiser T, Menkhoff L. Does Financial Education Impact Financial Literacy and Financial Behavior, and If So, When? [J]. The World Bank Economic Review, 2017, 31 (3): 611-630.

[107] Kastner L. Civil Society and Financial Regulation: Consumer Finance Protection and Taxation after the Financial Crisis [J]. Int J Obes Relat Metab Disord, 2017, 25 Suppl 1: S66.

[108] Keister, L. and S. Moller. Wealth Inequality in the United States [J]. Annual Review of Sociology, 2000, 26: 63 – 81.

[109] Kelly P. Dividends and Trust [R]. University of Notre Dame Working Paper, 2015.

[110] Kim P, Ferrin D, Cooper C, Dirks K. Removing the Shadow of Suspicion: The Effect of Apology versus Denial for Repairing Ability – versus Integrity – based Trust Violations [J]. Journal of Applied Psychology, 2004, 89 (1): 104 – 118.

[111] Kim Y, Park M, Wier B. Is Earnings Quality Associated with Corporate Social Responsibility? [J]. Accounting Review, 2012, 87 (3): 761 – 796.

[112] King, M. A., and J. Leape. Wealth and portfolio composition: Theory and evidence [J]. Journal of Public Economics, 1998, 69 (2): 155 – 193.

[113] KLIBANOFF P, LAMONTO, WIZMAN T A. Investor reaction to salient news in closed end country funds [J]. The Journal of Finance, 1998, 52 (3).

[114] Knack S, Keefer P. Does Social Capital Have an Economic Payoff? A Cross – country Investigation [J]. Quarterly Journal of Economics, 1997, 112 (4): 1251 – 1288.

[115] Kogan, L., and R. Uppal. Risk Aversion and Optimal

Portfolio Policies in Partial and General Equilibrium Economies [J]. National Bureau of Economic Rsearch, 2001.

[116] Kostovetsky L. Whom Do You Trust? Investor – advisor Relationships and Mutual Fund Flows [J]. Review of Financial Studies, 2016, 29 (4): 898 –936.

[117] Kramer M M. Financial literacy, confidence and financial advice seeking [J]. Journal of Economic Behavior & Organization, 2016, 131: 198 –217.

[118] Lins K, Servaes H, Tamayo A. Social Capital, Trust, and Firm Performance during the Financial Crisis [J]. 2017, Journal of Finance, forthcoming.

[119] LUIGI GUISO, PAOLA SAPIENZA, LUIGI ZINGALES. Trusting the Stock Market [J]. The Journal of Finance, 2008, 63 (6).

[120] Lusardi A, Michaud P C, Mitchell O S. Optimal Financial Knowledge and Wealth Inequality [J]. Journal of Political Economy, 2017, 125 (2): 431 –477.

[121] Lusardi A, Mitchell O S. The Economic Importance of Financial Literacy: Theory and Evidence [J]. Journal of Economic Literature, 2014, 52 (1): 5 –44.

[122] Macroeconomic System Analysis On The Problem of Stag-

flation—The General Theory of Employment and Price（Ⅰ）[J]. Journal of Systems Science and Systems Engineering, 1992 (01): 34 - 45.

[123] Markowitz H M. Portfolio Selection [J]. The Journal of Finance, 1952, 7 (1): 77 - 91.

[124] Markowitz, H. Portfolio Selection [J]. Journal of Finance, 1952, 7 (1): 77 - 91.

[125] Massa M, Wang C, Zhang H, Zhang J. Investing in Low - trust Countries: Trust in the Global Mutual Fund Industry [R]. AFA Working Paper, 2015.

[126] Mayer R, Davis J, Schoorman F. An Integrative Model of Organizational Trust [J]. Academy of Management Review, 1995, 20 (3): 709 - 734.

[127] Merton R C. Lifetime Portfolio Selection under Uncertainty: The Continuous - Time Case [J]. The Review of Economics and Statistics, 1969, 51 (3): 247 - 257.

[128] Merton, R C. Optimum Consumption and Portfolio Rules in a Continuous - Time Model [J]. Journal of Economic Theory, 1971, 3 (4): 373 - 413.

[129] Merton, R. C. Lifetime Portfolio Selection under Uncertainty: The Continuous - Time Case [J]. Review of Economics and

statistics, 1969, 51 (3): 247-257.

[130] MERTONRC. A simple model of capital market equilibrium with incomplete information [J]. The Journal of Finance, 1987, 42 (3).

[131] Mervyn A. King, Jonathan I. Leape. Wealth and portfolio composition: Theory and evidence [J]. Journal of Public Economics, 1998, 69 (2).

[132] Michaelides, A. International Portfolio Choice, Liquidity Constraints and the Home Equity Bias Puzzle [J]. Journal of Economic Dynamics and Control, 2003, 28 (3): 555-594.

[133] Morgan Kelly. All their eggs in one basket: Portfolio diversification of US households [J]. Journal of Economic Behavior and Organization, 1995, 27 (1).

[134] Morse, A., and S. Shive. Patriotism in Your Portfolio [J]. Journal of Financial Markets, 2011, 14: 411-440.

[135] Munk, C., and C. Sorensen. Dynamic Asset Allocation with Stochastic Income and Interest Rates [J]. Journal of Financial Economics, 2010, 96 (3): 433-462.

[136] OECD (2015): "National strategies for nancial education: OECD/INFE policy handbook", Handbook, OECD.

[137] Paiella G M. Risk Aversion, Wealth, and Background

Risk [J]. Journal of the European Economic Association, 2008, 6 (6): 1109 – 1150.

[138] Pauline Shum, Miquel Faig. What explains household stock holdings? [J]. Journal of Banking and Finance, 2005, 30 (9).

[139] Pelizzon, L., and G. Weber. Efficient Portfolios When Housing Needs Change over the Life Cycle [J]. Journal of Banking and Finance, 2009, 33 (11): 2110 – 2121.

[140] Pevzner M, Xie F, Xin X. When Firms Talk, Do Investors Listen? The Role of Trust in Stock Market Reactions to Corporate Earnings Announcements [J]. Journal of Financial Economics, 2015, 117 (1): 190 – 223.

[141] Poterba J M, Samwick A A. Taxation and household portfolio composition: US evidence from the 1980s and 1990s [J]. Journal of Public Economics, 2003, 87 (1): 5 – 38.

[142] Putnam, R. D. Making democracy work. Civic Traditions in Modern Italy [M]. Princeton: Princeton University Press, 1993.

[143] Reena Aggarwal, Pat Conroy. Price Discovery in Initial Public Offerings and the Role of the Lead Underwriter [J]. The Journal of Finance, 2000, 55 (6).

[144] Retrospective Evaluation (1961 – 2000) The Quarterly Review of Economics and Finance [J]. Quarterly Review of Eco-

nomics and Finance, 2000, 40 (5).

[145] Rooij M V, Lusardi A, Alessie R. Financial literacy and stock market participation [J]. Journal of Financial Economics, 2011, 101 (2): 449 -472.

[146] Rosen, H. S. and S. Wu. Portfolio Choice and Health Status [J]. Journal of Financial Economics, 2004, 72: 457 -484.

[147] Ryan L, Buchholtz A. Trust, Risk, and Shareholder Decision Making: An Investor Perspective on Corporate Governance [J]. Business Ethics Quarterly, 2001, 11 (1): 177 -193.

[148] Samuelson P A. Lifetime Portfolio Selection By Dynamic Stochastic Programming [J]. The Review of Economics and Statistics, 1969, 51 (3): 239 -246.

[149] Sandlant R. Consumer financial protection: Future directions [J]. Journal of the Securities Institute of Australia, 2012, 2 (4): 42 -47.

[150] Sapienza P, Zingales L. A Trust Crisis [J]. International Review of Finance, 2012, 12 (2): 123 -131.

[151] Schmid G, Biselli M, Wandrey C. Financial education and the debt behavior of the young [J]. Staff Reports, 2013, 24 (3): 189 -194.

[152] Semmler, W. , L. Grüne, and C. hrlein. Dynamic Con-

sumption and Portfolio Decisions with Time Varying Asset Returns [J]. Journal of Wealth Management, 2009, 12 (2): 21 - 47.

[153] Sherman R. Individual attitude toward risk and choice between prisoner's dilemma games. [J]. The Journal of Psychology, 1967, 66 (2).

[154] Silos, P. Housing, Portfolio Choice and the Macro - economy [J]. Journal of Economic Dynamics and Control, 2007, 31 (8): 2774 - 2801.

[155] Simpson J. Psychological Foundations of Trust [J]. Current Directions in Psychological Science, 2007, 16 (5): 264 - 268.

[156] Spataro L, Corsini L. Endogenous financial literacy, saving and stock market participation [J]. MPRA Paper, 2013, 73 (2).

[157] Stock J H, Yogo M. Testing for Weak Instruments in Linear IV Regression [J]. Nber Technical Working Papers, 2002, 14 (1): 80 - 108.

[158] Stout L. The Investor Confidence Game [J]. Brooklyn Law Review, 2002, 68 (2): 407 - 437.

[159] Susan L. Rutledge, Good Practices for Financial Consumer Protection, The World Bank, June 2012, p. 6.

[160] Taylor Michael. "Twin Peaks": A Regulatory Structure for the New Century, London: Center for the Study of Financial Innovation, 1995.

[161] The FCA's regulatory approach to crowdfunding over the internet, and the promotion of non – readily realisable securities by other media, 2014.

[162] THE FINANCIAL INDUSTRY REGULATORY AUTHORITY, Report on Digital Investment Advice, 2016, www.finra.org.

[163] The World Bank Group, Global Financial Inclusion and Consumer Protection Survey 2017 Report, 2017, www.worldbank.org.

[164] TIROLE J. The theory of corporate finance [M]. Princeton: Princeton University Press, 2006.

[165] Tracy, J., H. Schneider, and S. Chan. Are Stocks Overtaking Real Estate in Household Portfolios? [J]. Federal Reserve Bank of New York Current Issues in Economics and Finance, 1999, 5 (5): 1 – 6.

[166] Viceira, L. M. Optimal Portfolio Choice for Long – Horizon Investors with Non – tradable Labor Income [J]. Journal of Finance, 2001, 56 (2): 433 – 470.

[167] Vicki Bogan. Stock Market Participation and the Internet [J]. Journal of Financial and Quantitative Analysis, 2008, 43 (1).

[168] Vickil, B., and R. Angela. Portfolio Choice and Mental Health [J]. Review of Finance, 2013, (17): 995-992.

[169] VISSING-JORGENSEN A. Towards an explanation of household portfolio choice heterogeneity: nonfinancial income and participation cost structures [R]. NBER Working Paper, 2002.

[170] Vissing-jorgensen. A. Towards an Explanation of HouseholdPortfolio Choice Heterogeneity: Nonfinancial Income and Participation Cost Structures, NBER working Paper, 2002. No. W8884.

[171] Von Gaudecker H. How does household portfolio diversification vary with financial sophistication and advice? [J]. Social Science Electronic Publishing, 2015, 70 (2): 489-507.

[172] WACHTER J A, YOGO M. Why do household portfolio shares rise in wealth [J]. Review of Finance Studies, 2010, 23 (11).

[173] Wachter, J. A., and M. Yogo. Why Do Household Portfolio Shares Rise in Wealth? [J]. Review of Financial Studies, 2010, 23 (11): 3929-3965.

[174] Wei C, Zhang L. Trust and Certification in Financial Markets: Evidence from Reaction to Earning News [R]. SSRN

Working Paper, 2016, No. 2469034.

[175] Wei C, Zhang L. Trust and Local Bias [J]. SSRN Working Paper, 2015, No. 2489911.

[176] Willis L E. Against Financial Literacy Education [J]. Social Science Electronic Publishing, 2008, 94 (1): 197-285.

[177] Willis, Lauren E. The Financial Education Fallacy [J]. American Economic Review, 2011, 101 (3): 429-434.

[178] Yao, R., and H. H. Zhang. Optimal Consumption and Portfolio Choices with Risky Housingand Borrowing Constraints [J]. Review of Financial studies, 2005, 18 (1): 197-239.

[179] ZAK P J, KNACK S. Trust and growth [J]. The Economic Journal, 2001, 111 (470): 295-321.

[180] Zak P, Knack S. Trust and Growth [J]. Economic Journal, 2001, 111 (470): 295-321.

[181] Zant W. Social Security Wealth and Aggregate Consumption: An Extended Life-Cycle Model estimated for The Netherlands [J]. De economist, 1988, 136 (1): 136-153.

[182] Zingales L. The Role of Trust in the 2008 Financial Crisis [J]. Review of Austrian Economics, 2011, 24 (3): 235-249.

[183] 财新网. 央行、银监会成立金融消费者保护局, http://finance.caixin.com/2012-09-27/100442934.html.

[184] 蔡军龙. 论混业经营趋势下我国金融监管协调机制的完善 [J]. 经济法论丛, 2012, 23 (02): 97-127.

[185] 曹扬. 社会网络与家庭金融资产选择 [J]. 南方金融, 2015 (11): 38-46.

[186] 柴时军. 社会资本与家庭投资组合有效性 [J]. 中国经济问题, 2017 (04): 27-39.

[187] 柴时军, 王聪. 老龄化与居民金融资产选择——微观分析视角 [J]. 贵州财经大学学报, 2015 (05): 36-47.

[188] 陈斌开, 李涛. 中国城镇居民家庭资产——负债现状与成因研究 [J]. 经济研究, 2011, S1: 55-66.

[189] 陈彦斌. 中国城乡财富分布的比较分析 [J]. 金融研究, 2008, 12: 87-100.

[190] 陈莹, 武志伟, 顾鹏. 家庭生命周期与背景风险对家庭资产配置的影响 [J]. 吉林大学社会科学学报, 2014 (5): 73-80.

[191] 陈永伟, 史宇鹏, 权五燮. 住房财富、金融市场参与和家庭资产组合选择——来自中国城市的证据 [J]. 金融研究, 2015 (04): 1-18.

[192] 陈勇. 中国互联网金融研究报告 (2015) [M]. 北京: 中国经济出版社, 2015.

[193] 陈雨露, 马勇. 社会信用文化、金融体系结构与金

融业组织形式［J］.经济研究，2008（3）：29-38.

［194］陈志武.文化变迁的金融逻辑［J］.金融博览，2010（03）：1.

［195］崔巍.证券投资中的信任及影响因素研究［J］.金融研究，2011（09）：152-161.

［196］丁鲁，王露爽，冯东阳.监管改革视野下投资者适当性制度浅析——兼论金融投资者保护［J］.西南金融，2017（11）：38-42.

［197］董俊华，席秉璐，吴卫星.信任与家庭股票资产配置——基于居民家庭微观调查数据的实证分析［J］.江西社会科学，2013，33（07）：60-65.

［198］董晓林，于文平，朱敏杰.不同信息渠道下城乡家庭金融市场参与及资产选择行为研究［J］.财贸研究，2017（04）：37-46.

［199］董晓林，石晓磊.信息渠道、金融素养与城乡家庭互联网金融产品的接受意愿［J］.南京农业大学学报（社会科学版），2018，18（04）：109-118+159.

［200］杜征征，李云峰，闫彬.金融教育有助于投资者权益保护吗？［J］.证券市场导报，2017（06）：45-51.

［201］樊纲治，王宏扬.家庭人口结构与家庭商业人身保险需求——基于中国家庭金融调查（CHFS）数据的实证研究

[J]. 金融研究, 2015 (07): 170-189.

[202] 甘犁, 刘国恩, 马双. 基本医疗保险对促进家庭消费的影响 [J]. 经济研究, 2010, S1: 30-38.

[203] 甘犁, 尹志超, 贾男, 徐舒, 马双. 中国家庭资产状况及住房需求分析 [J]. 金融研究, 2013 (04): 1-14.

[204] 高明, 刘玉珍. 跨国家庭金融比较: 理论与政策意涵 [J]. 经济研究, 2013, 48 (02): 134-149.

[205] 高明, 赵然, 李志冰. 信任与中国家庭资产配置 [Z]. 中国金融国际年会, 2015.

[206] 顾肖荣, 陈玲. 试论金融消费者保护标准和程序的基本法律问题 [J]. 政治与法律, 2012 (06): 90-98.

[207] 广发银行、西南财经大学. 2018 中国城市家庭财富健康报告, 2019. https://finance.sina.com.cn/money/bank/bank_hydt/2019-01-17/doc-ihqhqcis7071583.shtml.

[208] 郭士祺, 梁平汉. 社会互动、信息渠道与家庭股市参与——基于 2011 年中国家庭金融调查的实证研究 [J]. 经济研究, 2014 (S1): 116-131.

[209] 何丽芬, 吴卫星, 徐芊. 中国家庭负债状况、结构及其影响因素分析 [J]. 华中师范大学学报 (人文社会科学版), 2012, 1: 59-68.

[210] 何丽芬. 家庭金融资产结构的国际比较及启示 [J].

国际经济合作, 2010 (5): 58-64.

[211] 贺建风, 王傲磊, 余慧伦. 社会资本与家庭金融市场参与 [J]. 金融经济学研究, 2018, 33 (06): 104-116.

[212] 何兴强, 史卫, 周开国. 背景风险与居民风险金融资产投资 [J]. 经济研究, 2009, 12: 119-130.

[213] 何杨平, 何兴强. 健康与家庭风险金融资产投资参与程度 [J]. 华南师范大学学报 (社会科学版), 2018 (02): 135-142.

[214] 何秀红, 戴光辉. 收入和流动性风险约束下家庭金融资产选择的实证研究 [J]. 南方经济, 2007, 10: 58-69.

[215] 胡雪. 关于金融产品适当性问题的国际研究 [J]. 中国银行业, 2018, 59 (11): 99-101.

[216] 胡振, 臧日宏. 风险态度、金融教育与家庭金融资产选择 [J]. 商业经济与管理, 2016 (8).

[217] 黄锋. 美国金融消费者权益保护体系改革的借鉴与启示 [J]. 武汉金融, 2011 (04): 45-47.

[218] 黄毓慧, 邓颖璐. 家庭保险资产持有影响因素分析 [J]. 保险研究, 2013 (11): 12-23.

[219] 姜立文, 崔丹丹. 论复杂金融衍生品侵权诉讼中举证责任倒置的正当性 [J]. 上海金融, 2017 (08): 73-77.

[220] 焦瑾璞, 黄亭亭, 汪天都. 金融消费权益保护制度

建设的国际比较研究 [J]. 金融发展研究, 2015 (4): 3-8.

[221] 杰弗里·杰尼, 菲利普·瑞尼. 高级微观经济理论: 英文影印版 [M]. 第3版. 北京: 中国人民大学出版社.

[222] 雷晓燕, 周月刚. 中国家庭的资产组合选择: 健康状况与风险偏好 [J]. 金融研究, 2010 (1): 31-45.

[223] 李昂, 廖俊平. 社会养老保险与我国城镇家庭风险金融资产配置行为 [J]. 中国社会科学院研究生院学报, 2016 (06): 40-50.

[224] 李成, 汤铎铎. 居民财富、金融监管与贸易摩擦——2018年中国宏观经济中期报告 [J]. 经济学动态, 2018, 690 (08): 56-70.

[225] 李慈强. 论金融消费者保护视野下金融纠纷调解机制的构建 [J]. 法学论坛, 2016 (3): 138-145.

[226] 李东荣, 主编. 中国互联网金融发展报告 (2016) [M]. 北京: 社会科学文献出版社, 2016.

[227] 李实, 魏众, 丁赛. 中国居民财产分布不均等及其原因的经验分析 [J]. 经济研究, 2005, 6: 4-15.

[228] 李涛, 郭杰. 风险态度与股票投资 [J]. 经济研究, 2009, 44 (02): 56-67.

[229] 李涛. 社会互动、信任与股市参与 [J]. 经济研究, 2006 (1): 34-45.

[230] 李涛. 社会互动与投资选择 [J]. 经济评论, 2006 (8): 45-57.

[231] 李涛. 社会互动、信任与股市参与 [J]. 经济研究, 2006 (01): 34-45.

[232] 李文华. 美国证券市场投资者适当性规则的发展及启示 [J]. 北京航空航天大学学报 (社会科学版), 2017, 30 (02): 46-54.

[233] 李心丹, 肖斌卿, 俞红海, 宋建华. 家庭金融研究综述 [J]. 管理科学学报, 2011, 4: 74-85.

[234] 李雅君, 李志冰, 董俊华, 等. 风险态度对中国家庭投资分散化的影响研究 [J]. 财贸经济, 2015 (7): 150-160.

[235] 李勇坚. 互联网金融视野下的金融消费者权益保护 [J]. 经济与管理研究, 2016, 37 (09): 54-61.

[236] 李云飞. 民间借贷从传统走向网络后的刑法规制选择——以信息保护模式为视角 [J]. 政治与法律, 2017 (4).

[237] 梁涛. 中外金融消费者保护水平比较分析 [J]. 金融经济学研究, 2014, 29 (05): 46-56.

[238] 梁运文, 霍震, 刘凯. 中国城乡居民财产分布的实证研究 [J]. 经济研究, 2010, 10: 33-47.

[239] 廖凡. 金融消费者的概念和范围: 一个比较法的视

角 [J]. 环球法律评论, 2012, 34 (04): 95-104.

[240] 廖婧琳, 王聪. 制度环境差异与居民金融市场参与——基于各国经济制度环境差异的比较 [J]. 经济体制改革, 2017 (03): 178-184.

[241] 廖理, 张金宝. 城市家庭的经济条件、理财意识和投资借贷行为——来自全国 24 个城市的消费金融调查 [J]. 经济研究, 2011, S1: 17-29.

[242] 林越坚. 金融消费者: 制度本源与法律取向 [J]. 政法论坛, 2015, 33 (01): 143-152.

[243] 蔺捷. 论欧盟投资者适当性制度 [J]. 法学评论, 2013, 31 (01): 60-66.

[244] 零壹研究院. 中国 P2P 借贷服务行业发展报告 [M]. 北京: 中国经济出版社, 2016.

[245] 刘鹏. 解读资管新规 [J]. 新理财, 2018, No.293 (06): 33-35.

[246] 刘学华. 我国投资者适当性管理制度构建浅析 [J]. 中国证券期货, 2011 (09): 188-89.

[247] 刘亚琴, 李开秀. 信任行为、市场效率与金融监管: 有限理性视角下的信任研究前沿 [J]. 中央财经大学学报, 2017 (03): 27-38.

[248] 刘燕, 王晓明. 金融消费者保护的规制框架 [J].

中国金融, 2018 (14): 90-92.

[249] 刘玉珍, 张峥, 徐信忠, 等. 基金投资者的框架效应 [J]. 管理世界, 2010 (2).

[250] 路晓蒙, 李阳, 甘犁, 等. 中国家庭金融投资组合的风险——过于保守还是过于冒进?[J]. 管理世界, 2017, No. 291 (12): 102-118.

[251] 路晓蒙, 尹志超, 张渝. 住房、负债与家庭股市参与——基于CHFS的实证研究 [J]. 南方经济, 2019 (04): 41-61.

[252] 罗娟, 王露露. 金融素养、自信偏差与家庭财富 [J]. 商业研究, 2018, No. 493 (05): 109-118.

[253] 马双, 臧文斌, 甘犁. 新型农村合作医疗保险对农村居民食物消费的影响分析 [J]. 经济学(季刊), 2011, 1: 249-270.

[254] 孟祥轶. 数字金融时代的金融教育 [J]. 清华金融评论, 2017 (6): 33-35.

[255] 孟亦佳. 认知能力与家庭资产选择 [J]. 经济研究, 2014, 49 (S1): 132-142.

[256] 彭冰. P2P 网贷与非法集资 [J]. 金融监管研究, 2014 (6): 13-25.

[257] 彭显琪, 朱小梅. 消费者金融素养研究进展 [J].

经济学动态, 2018 (02): 99-116.

[258] 秦芳, 王文春, 何金财. 金融知识对商业保险参与的影响——来自中国家庭金融调查 (CHFS) 数据的实证分析 [J]. 金融研究, 2016 (10): 143-158.

[259] 邱灵敏. 我国互联网金融信息披露监管研究 [D]. 2018.

[260] 冉净斐. 农村社会保障制度与消费需求增长的关系研究 [J]. 南方经济, 2004, 2: 74-76.

[261] 任泽平. 我国各行业企业融资结构: 方式与成本, 2018. http://finance.sina.com.cn/china/2018-12-14/doc-ihmutuec9300005.shtml.

[262] 宋炜, 蔡明超. 劳动收入与中国城镇家庭风险资产配置研究 [J]. 西北人口, 2016, 37 (03): 26-31.

[263] 邵燕. 互联网金融交易中的消费者风险及对策 [J]. 现代经济探讨, 2016 (04): 39-43.

[264] 盛方富. 银行理财产品市场信息披露与投资者信任机制研究 [J]. 企业经济, 2015 (7): 189-192.

[265] 史代敏, 宋艳. 居民家庭金融资产选择的实证研究 [J]. 统计研究, 2005, 10: 43-49.

[266] 孙天琦. 金融消费者保护: 行为经济学的理论解析与政策建议 [J]. 西部金融, 2014 (5): 4-17.

［267］谭松涛，陈玉宇．投资经验能够改善股民的收益状况吗——基于股民交易记录数据的研究［J］．金融研究，2012（05）：164-178.

［268］唐士亚．股权众筹信息披露的投资者中心原则及其法律构造［J］．海南金融，2017（09）：78-84.

［269］万明，闫威．信息披露考核降低了股价崩盘风险吗？［J］．当代金融研究，2017（03）：44-58.

［270］王聪，柴时军，田存志，等．家庭社会网络与股市参与［J］．世界经济，2015（5）：105-124.

［271］王聪，田存志．股市参与、参与程度及其影响因素［J］．经济研究，2012，47（10）：97-107.

［272］王聪，杜奕璇．生命周期、年龄结构与我国家庭消费负债行为［J］．当代财经，2019（03）：58-69.

［273］王红丽，吕迪伟，吴坤津．不对称信任是进化还是回归？——西方管理学界信任研究新进展［J］．经济管理，2015，37（12）：185-193.

［274］王怀勇，邓若翰．互联网金融消费者教育制度研究［J］．南方金融，2017（11）：81-87.

［275］王冀宁，干甜．投资者认知偏差研究评述［J］．经济学动态，2008（12）：112-117.

［276］王江，廖理，张金宝．消费金融研究综述［J］．经济

研究，2010，S1：5-29.

[277] 王琨，吴卫星．婚姻对家庭风险资产选择的影响 [J]．南开经济研究，2014（03）：100-112.

[278] 王俊花．消费者购买银行个人理财产品行为分析 [J]．青岛大学学报（自然科学版）．

[279] 王锐．论金融机构的适当性义务——基于行为要件的分析 [J]．北方法学，2014，8（04）：44-55.

[280] 王妍．居民家庭金融资产管理的国际比较 [J]．北方经济，2009（24）：40-41.

[281] 王艳丽，戴继翔．互联网金融消费者权益保护制度的构建 [J]．江苏社会科学，2017（5）．

[282] 王莹丽．日本金融ADR机制探析 [J]．财贸研究，2011，22（01）：144-151.

[283] 王正位，向佳，廖理，等．互联网金融环境下投资者学习行为的经济学分析 [J]．数量经济技术经济研究，2016（3）．

[284] 网贷之家：http：//shuju.wdzj.com/industry-list.html.

[285] 魏先华，张越艳，吴卫星，肖帅．社会保障的改善对我国居民家庭消费—投资选择的影响研究 [J]．数学的实践与认识，2013，2：29-39.

[286] 魏昭，蒋佳伶，杨阳，宋晓巍．社会网络、金融市

场参与和家庭资产选择——基于 CHFS 数据的实证研究[J]. 财经科学, 2018 (02): 28-42.

[287] 温树英. 美国金融消费者保护机制的改革及经验[J]. 美国研究, 2015, 29 (01): 105-121+7.

[288] 吴弘. 金融纠纷非讼解决机制的借鉴与更新——金融消费者保护的视角[J]. 东方法学, 2015 (4): 2-10.

[289] 吴洪, 徐斌, 李洁. 社会养老保险与家庭金融资产投资——基于家庭微观调查数据的实证分析[J]. 财经科学, 2017 (04): 39-51.

[290] 吴卫星, 齐天翔. 流动性、生命周期与投资组合相异性——中国投资者行为调查实证分析[J]. 经济研究, 2007 (2): 97-110.

[291] 吴卫星, 荣苹果, 徐芊. 健康与家庭资产选择[J]. 经济研究, 2011 (S1): 43-54.

[292] 吴卫星, 汪勇祥, 梁衡义. 过度自信、有限参与和资产价格泡沫[J]. 经济研究, 2006 (4): 115-127.

[293] 吴卫星, 王治政, 吴锟, 等. 家庭金融研究综述——基于资产配置视角[J]. 科学决策, 2015 (4): 69-94.

[294] 吴卫星, 吕学梁. 中国城镇家庭资产配置及国际比较——基于微观数据的分析[J]. 国际金融研究, 2013 (10): 45-57.

[295] 吴卫星, 丘艳春, 张琳琬. 中国居民家庭投资组合有效性: 基于夏普率的研究 [J]. 世界经济, 2015, 1: 154-172.

[296] 吴卫星, 荣苹果, 徐芊. 健康与家庭资产选择 [J]. 经济研究, 2011, S1: 43-54.

[297] 吴卫星, 沈涛, 董俊华, 牛堃. 投资期限与居民家庭股票市场参与——基于微观调查数据的实证分析 [J]. 国际金融研究, 2014, 12: 68-76.

[298] 吴卫星, 汪勇祥, 梁衡义. 过度自信、有限参与和资产价格泡沫 [J]. 经济研究, 2006 (04): 115-127.

[299] 吴卫星, 徐芊, 白晓辉. 中国居民家庭负债决策的群体差异比较研究 [J]. 财经研究, 2013, 3: 19-29.

[300] 吴卫星, 易尽然, 郑建明. 中国居民家庭投资结构: 基于生命周期、财富和住房的实证分析 [J]. 经济研究, 2010, 45 (S1): 72-82.

[301] 吴雨, 彭嫦燕, 尹志超. 金融知识、财富积累和家庭资产结构 [J]. 当代经济科学, 2016, 38 (4): 19-29.

[302] 武俊桥. 证券市场投资者适当性原则初探 [J]. 证券法苑, 2010, 3 (02): 131-159.

[303] 伍再华, 叶菁菁, 郭新华. 财富不平等会抑制金融素养对家庭借贷行为的作用效果吗——基于CHFS数据的经验分

析［J］. 经济理论与经济管理, 2017（09）: 71-86.

［304］肖经建. 美国消费者金融教育对中国的启示［J］. 清华金融评论, 2017（6）.

［305］肖作平, 张欣哲. 制度和人力资本对家庭金融市场参与的影响研究——来自中国民营企业家的调查数据［J］. 经济研究, 2012, S1: 91-104.

［306］谢平, 邹传伟. 互联网金融模式研究［J］. 金融研究, 2012（12）: 11-22.

［307］徐巧玲. 劳动收入、不确定风险与家庭金融资产选择［J］. 云南财经大学学报, 2019, 35（05）: 75-86.

［308］杨东. 互联网金融风险规制路径［J］. 中国法学, 2015（03）: 80-97.

［309］杨东. 互联网金融监管的五个维度: 以金融消费者保护为核心［J］. 清华金融评论, 2014（10）: 41-43.

［310］杨东. 金融申诉专员制度之类型化研究［J］. 法学评论, 2013, 31（04）: 77-83.

［311］杨东. 论金融衍生品消费者保护的统合法规制——高盛"欺诈门"事件的启示［J］. 比较法研究, 2011（05）: 80-88.

［312］杨东. 我国金融消费者保护统合立法体系的构建——以日本的立法经验借鉴为视角［J］. 社会科学, 2013（08）:

108-115.

[313] 杨天宇, 王小婷. 我国社会保障支出对居民消费行为的影响研究 [J]. 探索, 2007, 5: 63-66.

[314] 依布拉音·巴斯提. 商业银行理财业务竞争策略分析 [J]. 区域金融研究, 2016 (05): 33-36.

[315] 尹海员, 李忠民. 个体特质、信息获取与风险态度——来自中国股民的调查分析 [J]. 经济评论, 2011 (02): 29-37.

[316] 尹志超, 宋全云, 吴雨. 金融知识、投资经验与家庭资产选择 [J]. 经济研究, 2014 (4): 62-75.

[317] 尹志超, 宋鹏, 黄倩. 信贷约束与家庭资产选择——基于中国家庭金融调查数据的实证研究 [J]. 投资研究, 2015, 34 (01): 4-24.

[318] 尹志超, 宋全云, 吴雨. 金融知识、投资经验与家庭资产选择 [J]. 经济研究, 2014, 49 (04): 62-75.

[319] 尹志超, 吴雨, 甘犁. 金融可得性、金融市场参与和家庭资产选择 [J]. 经济研究, 2015, 50 (03): 87-99.

[320] 于春敏. 消费者保护乃金融监管首要基础价值——美国金融消费者保护困局之反思 [J]. 财经科学, 2010 (06): 17-24.

[321] 余静文, 姚翔晨. 人口年龄结构与金融结构——宏

观事实与微观机制［J］．金融研究，2019（04）：20-38.

［322］袁毅、杨勇、陈亮，中国众筹行业发展报告（2016）［M］．上海：上海人民出版社，2016.

［323］臧日宏，王宇．社会信任与城镇家庭风险金融资产投资——基于CFPS数据的实证研究［J］．南京审计大学学报，2017，14（04）：55-65.

［324］曾志耕，何青，吴雨．金融知识与家庭投资组合多样性［J］．经济学家，2015（6）：86-94.

［325］宗庆庆，刘冲，周亚虹．社会养老保险与我国居民家庭风险金融资产投资——来自中国家庭金融调查（CHFS）的证据［J］．金融研究，2015（10）：99-114.

［326］张奥西，秦海林．信息吸纳与家庭金融资产配置——基于中国家庭追踪调查数据的实证研究［J］．南方金融，2018（02）：40-50.

［327］张兵，赵雪蕊．背景风险对中国家庭风险金融资产的影响——基于CHFS微观数据的实证分析［J］．金融理论与实践，2015（10）：52-56.

［328］张贯一，达庆利，刘向前．信任问题研究综述［J］．经济学动态，2005（01）：99-102.

［329］张海洋，韩晓．信任与家庭跨期金融决策［J］．国际商务（对外经济贸易大学学报），2019，186（01）：126-

138.

[330] 张号栋, 尹志超. 金融知识和中国家庭的金融排斥——基于 CHFS 数据的实证研究 [J]. 金融研究, 2016 (07): 80 – 95.

[331] 张继海. 社会保障养老金财富对城镇居民消费支出影响的实证研究 [J]. 山东大学学报 (哲学社会科学版), 2008, 3: 105 – 112.

[332] 张琳琬, 吴卫星. 风险态度与居民财富——来自中国微观调查的新探究 [J]. 金融研究, 2016 (4): 115 – 127.

[333] 张灵溪. 金融产品销售适当性规则研究 [J]. 吉林金融研究, 2019 (04): 72 – 78.

[334] 张明. 如何系统理解金融供给侧结构性改革, 2019. https://m.hexun.com/hotnews/2019 – 04 – 28/197006985.html.

[335] 章武生. 论我国大调解机制的构建——兼析大调解与 ADR 的关系 [J]. 法商研究, 2007 (06): 111 – 115.

[336] 赵煊. 金融消费者保护理论研究 [D]. 济南: 山东大学, 2012.

[337] 赵煊. 认知偏误对金融消费者保护的影响——以零售金融产品为例 [J]. 经济研究, 2011 (S1): 127 – 133.

[338] 赵燕. 当前我国家庭金融资产选择行为的特征及其优化路径 [J]. 金融发展研究, 2009 (12): 25 – 28.

[339] 赵芸. 境内外投资者适当性制度研究 [J]. 中国证券期货, 2018, 219 (05): 66-70.

[340] 郑永年, 黄彦杰. 中国的社会信任危机 [J]. 文化纵横, 2011 (02): 18-23.

[341] 甘梨, 尹志超, 等. 中国家庭金融调查报告 2014 [M]. 成都: 西南财经大学出版社.

[342] 中国人民银行. 中国金融稳定报告 2018, 2019. http://www.pbc.gov.cn/.

[343] 中国人民银行金融稳定分析小组. 中国金融稳定报告 [M]. 北京: 中国金融出版社, 2008.

[344] 中国人民银行内江市中心支行课题组, 刘杰. 我国商业银行理财产品信息披露的现状及法律建议 [J]. 西南金融, 2018.

[345] 中国人民银行西安分行课题组. 金融消费者保护 [M]. 北京: 经济科学出版社, 2011.

[346] 周晋, 劳兰珺. 医疗健康问题对居民资产配置的影响 [J]. 金融研究, 2012 (02): 61-72.

[347] 周铭山, 孙磊, 刘玉珍. 社会互动、相对财富关注及股市参与 [J]. 金融研究, 2011, 2: 172-184.

[348] 周学东. 国际金融消费者保护制度改革动态及启示 [J]. 中国金融, 2011 (11): 16-18.

[349] 周洋, 任柯蓁, 刘雪瑾. 家庭财富水平与金融排斥——基于 CFPS 数据的实证分析 [J]. 金融经济学研究, 2018, 33 (02): 106-116.

[350] 朱光伟, 杜在超, 张林. 关系、股市参与和股市回报 [J]. 经济研究, 2014, 49 (11): 87-101.

[351] 朱景文. 解决争端方式的选择——一个比较法社会学的分析 [J]. 吉林大学社会科学学报, 2003 (05): 10-17.